应用文写作

崔艳玲　郑桂平　白秀兰 / 主编

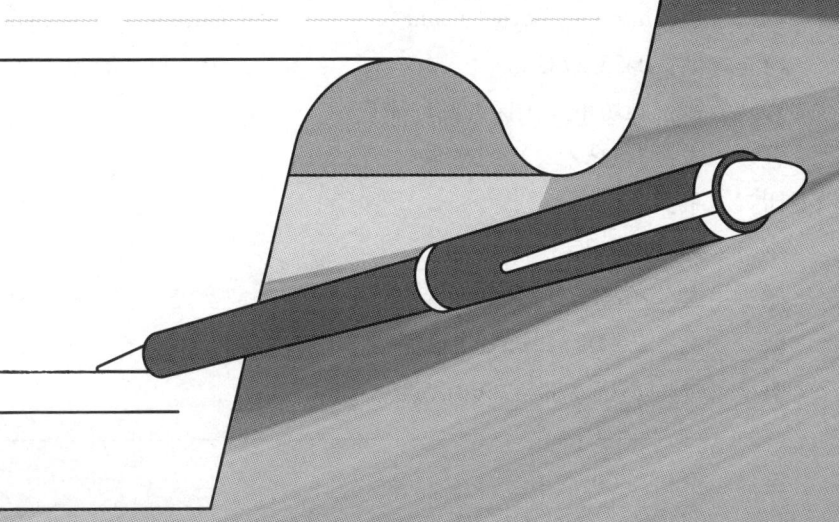

延吉·延边大学出版社

图书在版编目（CIP）数据

应用文写作 / 崔艳玲, 郑桂平, 白秀兰主编.
延吉：延边大学出版社, 2024.11. -- ISBN 978-7-230-07500-8

Ⅰ.H152.3

中国国家版本馆 CIP 数据核字第 2024HD6151 号

应用文写作

主　　编：	崔艳玲　郑桂平　白秀兰
责任编辑：	张海涛
封面设计：	文合文化
出版发行：	延边大学出版社
社　　址：	吉林省延吉市公园路977号　　邮　编：133002
网　　址：	http://www.ydcbs.com　　E-mail：ydcbs@ydcbs.com
电　　话：	0433-2732435　　传　真：0433-2732434
印　　刷：	廊坊市广阳区九洲印刷厂
开　　本：	787毫米×1092毫米　1/16
印　　张：	13
字　　数：	220千字
版　　次：	2024年11月第1版
印　　次：	2024年11月第1次印刷
书　　号：	ISBN 978-7-230-07500-8

定　　价：78.00元

编委会

主　编：崔艳玲　郑桂平　白秀兰
副主编：刘江清　赵金涛　巩　悦　迈尔哈巴·谢然甫
　　　　刘冬雨　杨秀江

前 言

在当今社会,应用文作为信息传递、工作交流和管理运营的重要工具,其重要性日益凸显。无论是在政府机关的行政管理中,还是在企事业单位的日常运营中,甚至是在个人的学习与生活中,应用文都扮演着不可或缺的角色。它不仅是处理公务、管理事务的必备手段,更是沟通思想、交流信息、解决问题的重要桥梁。

本书正是为了适应这一社会需求而编写的。本书旨在通过系统、全面的讲解,帮助读者掌握各类应用文的写作方法和技巧,提高应用文写作能力。全书分为四篇,共十三章,内容涵盖了应用文写作的基础理论和行政公文、事务文书、专用文书的写作技巧,力求做到既注重理论知识的阐述,又突出实践技能的培养。

在第一篇"应用文写作的基本理论"中,首先对应用文的概念、特点和分类进行了详细的阐述,帮助读者形成对应用文的初步认识。接着,深入讲解了应用文的主旨、材料与结构等核心要素,读者可以借此奠定坚实的理论基础。

第二篇"行政公文"是本书的重点内容之一。行政公文作为政府机关实施行政管理的重要工具,其格式规范、内容严谨、语言庄重。本篇详细介绍了行政公文的含义、特点和作用,以及行政公文的基本格式和写作要求。通过分章节对决定、通知、通报、报告、请示、批复、意见、函、纪要这几种常见行政公文进行理论讲解并展示例文,读者可以逐步掌握各类行政公文的写作方法和技巧。

第三篇"事务文书"着重讲解企事业单位和个人日常工作中常见的事务性文书。本篇涵盖了计划、总结、调查报告、会议记录、简报、演讲稿、申请书、述职报告、条据、启事、海报等多种文书类型。通过详细讲解各类文书的写作方法和技巧，以及展示例文，读者可以全面了解并掌握各类事务文书的写作要领，为日后在工作和生活中写作此类文书打下坚实的基础。

第四篇"专用文书"针对服务于特定领域和特定需求的应用文进行深入探讨，包括毕业求职文书、经济类文书以及诉状类法律文书。不同类型的专用文书各具特色，要求写作者不仅要具备扎实的写作基础，还要熟悉相关领域的专业知识和法律法规。本篇通过详细讲解和展示例文，帮助读者掌握各类专用文书的写作方法和技巧，满足特定的应用需求。

在编写过程中，我们力求做到内容全面、结构清晰、语言简洁、例文丰富，帮助读者将所学知识转化为实际技能。

目 录

第一篇 应用文写作的基本理论

第一章 应用文概述 ·· 2

第一节 应用文的概念、特点和分类 ································ 2

第二节 应用文的主旨、材料与结构 ································ 4

第二篇 行政公文

第二章 行政公文概述 ·· 10

第一节 行政公文的含义、特点和作用 ···························· 10

第二节 行政公文的基本格式 ······································ 12

第三章 行政公文（一）·· 17

第一节 决定 ·· 17

第二节 通知 ·· 21

第三节 通报 ·· 27

第四章 行政公文（二）·· 39

第一节 报告 ·· 39

第二节 请示 ·· 45

第三节 批复 ·· 50

第五章 行政公文（三）·· 53

第一节 意见 ·· 53

第二节 函 ·· 59

第三节 纪要 ·· 62

第三篇　事务文书

第六章　日常事务文书（一） …… 70

第一节　计划 …… 70

第二节　总结 …… 75

第三节　调查报告 …… 81

第七章　日常事务文书（二） …… 92

第一节　会议记录 …… 92

第二节　简报 …… 95

第八章　日常事务文书（三） …… 103

第一节　演讲稿 …… 103

第二节　申请书 …… 107

第三节　述职报告 …… 111

第九章　日常事务文书（四） …… 115

第一节　条据 …… 115

第二节　启事 …… 119

第三节　海报 …… 122

第十章　日常礼仪文书 …… 124

第一节　感谢信 …… 124

第二节　慰问信 …… 126

第三节　贺信 …… 129

第四节　欢迎词、欢送词 …… 131

第五节　开幕词、闭幕词 …… 134

第四篇　专用文书

第十一章　专用文书（一）——毕业求职文书……………………142
- 第一节　毕业论文……………………………………………………142
- 第二节　求职信、简历………………………………………………148

第十二章　专用文书（二）——经济类文书…………………………154
- 第一节　市场调查报……………………………………………………154
- 第二节　市场预测报告…………………………………………………158
- 第三节　经济合同………………………………………………………165
- 第四节　招投标文书……………………………………………………172

第十三章　专用文书（三）——诉状类法律文书……………………178
- 第一节　诉状类法律文书概述…………………………………………178
- 第二节　民事起诉状……………………………………………………180
- 第三节　行政起诉状……………………………………………………184
- 第四节　答辩状、上诉状………………………………………………187
- 第五节　申诉状…………………………………………………………194

参考文献………………………………………………………………198

第一篇　应用文写作的基本理论

第一章 应用文概述

第一节 应用文的概念、特点和分类

一、应用文的概念

应用文是国家机关、企事业单位、社会团体及个人在处理事务、传递信息、解决问题、实行管理时使用的具有特定格式的文体,是一切社会组织和个人进行社会活动和处理个人事务必不可少的工具。

二、应用文的特点

应用文是一种有鲜明特点的实用文体,其使用范围很广泛。把握应用文的特点,对应用文的写作有重要意义。

1. 实用性

应用文是一种实用文体,写作应用文就是为了处理学习、工作、社交等方面的实际问题。

例如,公务文书是传达政策法令、处理公务的需要;简历、求职信是应聘就业的需要;条据、合同是双方约定的凭证;启事、新闻稿是传播信息的需要;诸如此类。可以说,实用性是应用文的本质属性,是应用文区别于文学等诸多文体的显著特征。

2. 真实性

应用文写作对真实性要求很高,真实性是应用文写作的根本原则。应用文的真实性主要体现在两个方面:一是应用文所叙述的事件必须真实;二是应用文中引用的数据必须真实。例如,一篇表彰某先进人物的通报,其所述人物的先进事迹必须真实准确,不能夸大其词。否则,不但达不到表彰先进、弘扬正气的作用,还会造成不好的影响。

3. 时效性

所谓时效性，其一是指应用文的写作必须在一定的时间范围内完成，超过这一时间段再去写作就毫无意义。例如，一篇工作计划，必须在某项工作开展之前拟定。如果工作结束后计划才拟出来，那还有什么意义呢？其二，许多应用文只在规定的时间内发挥效力和作用，超过规定时限，该文也就失去了它原有的效力和作用。比如许多法律法规都有明确的生效和废止时间。

4. 规范性

这是指应用文写作必须符合相关文体的格式要求与语言要求，应用文（特别是公文）的处理也必须遵照有关规定来执行。简而言之，应用文要写得规范，用得规范。

语言是应用文写作的基本工具。应用文的语言总的来说要严谨准确、朴素平实、简洁精练。

（1）严谨准确。严谨准确是应用文语言的基本要求。所谓严谨，就是要表意周密，没有歧义，没有逻辑错误，要使用规范化的书面语言、专用语言，而不宜使用口语、俗语、方言土语和文学语言。所谓准确，就是语言要能正确地传达作者的思想、观点或要求，表达清楚明白，不模棱两可，不含糊笼统，尽量避免使用词义不确定的语句。

（2）朴素平实。所谓朴素平实，就是指应用文的文风应朴实无华，语言实在，不追求辞藻的华丽，少用修饰语；多用叙述、说明、议论的表达方式，少用或基本不用描写和抒情；多用短句，少用长句、欧化句式；少用修辞手法，更不用含蓄、委婉、虚构的写作技巧。

（3）简洁精练。应用文写作在语义完备的前提下，要惜墨如金，要选用简洁精练的词语，要努力做到"一词不虚设，一字不苟下"。

三、应用文的分类

不同文种的应用文有不同的适用场合。根据应用文的适用范围、性质和内容的要求，可把应用文分为行政公文、事务文书、专用文书三大类。

1. 行政公文

行政公文是指国家机关、社会团体、企事业单位在处理公务时使用的文书，包括决议、决定、命令（令）、公报、公告、通告、意见、通知、通报、报告、请示、批复、议案、函、纪要共十五种。

2. 事务文书

事务文书是单位或个人在处理日常事务时使用的文书，如计划、总结、调查报告、会议记录、简报等都属于事务文书。

3. 专用文书

专用文书是特定的群体或特定的部门在特定的情况下使用的文书，如法律文书、科技文书、经济文书等。

第二节　应用文的主旨、材料与结构

一、应用文的主旨

应用文的主旨，就是贯穿一篇应用文的核心思想或主要意图。应用文对主旨的要求是正确、鲜明、深刻、集中。

1. 正确

就是要求应用文的主旨符合马克思列宁主义、毛泽东思想、邓小平理论、"三个代表"重要思想、科学发展观和习近平新时代中国特色社会主义思想，符合党和国家的方针政策，符合国家的法律与法规，符合客观规律。

2. 鲜明

就是要求应用文的主旨要表述得明确清晰，赞成什么、反对什么，观点要鲜明，决不含糊其词、模棱两可。

3. 深刻

就是要求应用文的写作不能停留在表面事实的罗列上，要从事实中归纳出观点，提炼出思想，要能反映某些规律性的问题，达到帮助人们深刻认识某一客观事物的目的。

4. 集中

就是要求一篇应用文的主旨要相对单一，重点突出。虽然一篇应用文的具体观点可能不止一个，但这些观点在一篇文章中应存在一种内在的逻辑联系，它们共同表达一个中心思想。

二、应用文的材料

材料是构成应用文的理论与事实资料,是决定一篇应用文是否成功的要素之一。应用文对所用的材料有较高的要求。

1. 真实

这是由应用文的本质特点决定的。要求写作者要善于识别材料的真伪,要把那些真实可信的材料写入应用文,不能使用编造的材料。

2. 典型

所谓典型,即具有代表性。写入应用文中的材料,要求以一当十,具有说服力。只有典型的材料才能反映事物的本质。不典型的材料,哪怕是真实的,也不能据之做出结论。

3. 新鲜

应用文的特点之一是具有"时效性",这一特点决定了应用文的材料应具有新鲜性。新鲜性,就是应用文中所引材料或是新近发生的事实,或是用新的眼光对以往事实做新的阐述。好的应用文要给人以耳目一新之感。

三、应用文的结构

结构,指文章的篇章布局。应用文多采用三段式结构,即开头、主体、结尾。

1. 应用文开头的常见写法

(1)"目的缘由"法:开头一段写明撰写该篇应用文的目的、缘由或根据,引出主体。命令、通知、通报、决定、请示、批复等行政公文常用此法开头。

(2)"陈述概况"法:开头一段陈述概况,便于主体内容展开。总结、调查报告、纪要等常用此法开头。

(3)"阐明论点"法:开头一段揭示该篇应用文的主题,或分析、评论事物的性质,或得出某种结论,总之,是以思辨成果作为开头。有些调查报告、通报以此法开头。

(4)"致意表态"法:开头一段向对方致意,或表明己方的态度、观点。批复和某些公关礼仪方面的应用文常用此法。

2. 应用文主体部分常用的结构形式

(1)并列式结构:也叫横式结构,即层次(或段落)之间的逻辑关系是平等的、并列的,各层次(或段落)从不同角度、不同侧面共同说明某个问题。

(2)递进式结构:也叫纵式结构,即各层次(或段落)之间呈现出一种层层展开、步步深入的逻辑关系,后一层次(或段落)是对前一层次(或段落)的深入、提高或升华。这种结构方式在总结、调查报告或学术论文中常常可以见到。

(3)交叉式结构:交叉使用并列式和递进式结构,可以整体采用并列式,局部采用递进式;也可以整体采用递进式,局部采用并列式。

3. 应用文结尾的常见写法

(1)"点题概括"式:用一句话或一段话概括全文的意思。总结、讲话稿、论文常以此法结尾。

(2)"号召希望"式:结尾处向受文对象发出号召,提出希望。通报、纪要等常以此法结尾。

(3)"祈请期盼"式:请示、报告、函常以此法结尾,如"当否,请批复""以上要求如无不妥,请批转""切盼函复"等。

(4)"专门用语"式:报告、批复、通知等常以此法结尾,如"特此报告""此布""此复"等。

四、应用文的修改

(一)应用文修改的内容

应用文的修改,从内容上看,主要分为以下几个方面:

1. 修改思想观点

一篇文章,一般都要有一个统率全文的基本观点,基本观点之下还可能有几个小观点。不论是基本观点还是小观点,都应该正确、鲜明、集中、深刻。这方面常见的毛病有:观点片面或者错误,同党和国家的基本方针、政策、法令不一致,或观点前后不一、自相矛盾,或观点缺乏针对性等。

2. 修改论据材料

要围绕主题看论据材料是否真实、充分、典型,材料修改表现为增添、删减和调换。

3. 修改结构格式

一方面,要看文稿的内在结构是否合理、清楚、顺畅。比如,是否合乎逻辑,是否层次清晰、条理分明,是否紧扣主题思想,段落之间是否相互照应以形成有机的联系等。

另一方面，还要看应用文外在的格式是否正确。应用文对格式的要求非常严格，不同文种的应用文，写作格式也有所区别。因此要依据范文，对照修改，保证格式规范。

4. 修改语言

语言精确，是应用文的生命。应用文语言常见的问题主要有：

（1）概念不清。比如，把"遇险"说成"遇难"，把"转业军人"说成"复员军人"，等等。

（2）判断不当。比如发生一起事故，是自然因素还是人为因素造成的？判断不同，处理结果也会有很大差异。

（3）缺乏逻辑。比如"十七岁的×××是省人大代表"，而宪法规定公民满十八岁才有选举权和被选举权。

（4）语言不得体。文稿的内容、语气和它的制作部门的地位不相称，用语和作者的身份、读者对象、所要达到的目的，以及客观环境等要素不匹配。

（5）语言不通俗。如随意用半文半白的词句、滥用修饰语等。

（6）用词不规范。如应用文中的专有名词、时间系统等被随意简写或缩写，数字书写前后不一致等。

5. 修改标点符号

标点符号也是文章的有机组成部分，用得恰当，就能如实地表达文章的内容，反之就会损害文意，造成混乱。因此，写文章要正确地使用标点符号。

（二）常用的修改符号

正确使用修改符号，能够明白无误地标示修改的情况，避免造成文字混乱，可以使修改过的文章整洁清楚。

·常用的修改符号表

序号	名称	示例	用法
1	删除号	大　大小　▢▢▢▢	前两个用于删去数字、词或标点符号，第三个用于删去句、段
2	恢复号	大　大人和小孩　▢▢▢▢	表示恢复已删文字的符号。前两个符号标在需要复原的文字下方；第三个符号用于复原大段文字，标在已删部位的四角

续 表

序号	名称	示例	用法
3	对调号	小大 小和大	用于相邻的字、词或短句调换位置
4	改正号		把错误的文字或符号更正为正确的
5	增添号		在文字或句、段间增添新的文字或符号
6	调遣号	大人和小孩 应该	用于远距离调移字、标点符号、词、句、段
7	赞美号	大人和小孩 大人和小孩 大人和小孩	用于赞美写得好的词、句
8	提示号	大人和小孩	专用于有问题的字、词、句、段,提示作者自行分析错误并改正
9	起段号	大人和小孩	把一段文字分成两段,表示另起一段。
10	缩位号	大人和小孩	把一行的顶格文字缩两格,表示另起段,文字顺延后移
11	并段号	大人和小孩 应该	把下段文字接在上文后,表示不应该分段
12	前移号	大人和小孩	文字前移或顶格

第二篇　行政公文

第二章 行政公文概述

第一节 行政公文的含义、特点和作用

一、行政公文的含义

行政公文,是行政机关在行政管理过程中形成的具有法定效力和规范体式的文书,是依法行政和进行公务活动的工具。

所谓法定效力,是指行政公文体现了制发机关的决策意图,代表了制发机关的法定权威,在法定的时间范围内具有很强的权威性和约束力。

所谓规范体式,是指行政公文在语体与格式上具有严格的规范性和稳定性。

我国的最高国家行政机关是国务院,地方国家行政机关分为省(自治区、直辖市)、州或县(市、区)和乡镇三级人民政府。国家行政机关,是国家权力机关的执行机关,各级国家行政机关由同级人民代表大会选举产生,受其监督,对同级人民代表大会及其常务委员会负责并向其报告工作。下级国家行政机关受上级国家行政机关的领导,地方各级国家行政机关服从国务院的统一领导。

二、行政公文的特点

1. 有特定的作者和读者

行政公文的作者是指依法成立并能以自己的名义行使职权和承担义务的机关、团体、企事业单位。行政公文的读者也具有特定性,有的是特定的受文机关,有的公文明确标注了阅读范围。

2. 有法定的权威和效用

行政公文体现了制发机关的法定权威,是各机关组织开展工作的法定依据,因此,行政公文的内容必须是合法的,不能与国家的法律法规相冲突。同时,公文只在规定的时间范围内对受文机关具有强制性与制约力。超过了规定的时间,

公文就失去了其强制作用和法定权威。所以，公文必须及时办理。

3. 有规范的体式和处理程序

体式的规范性是指公文的体式必须符合《党政机关公文格式》（GB/T 9704-2012）的有关规定，使用规范的现代汉语语体。程序的规范性是指行政公文的制发、接收都必须遵守《党政机关公文处理工作条例》规定的处理程序。

三、行政公文的种类

根据《党政机关公文处理工作条例》的规定，行政公文有十五种，分别为：决议、决定、命令（令）、公报、公告、通告、意见、通知、通报、报告、请示、批复、议案、函和纪要。依据不同的标准，可以将行政公文分为不同的类别。

1. 按照行文关系和行文方向的不同，可以将行政公文分为上行文、下行文、平行文。

（1）上行文是指下级机关向上级机关呈送的公文，如请示、报告。

（2）下行文是指上级机关向所属的下级机关发出的公文，如命令（令）、决定、通知、通报、批复等。

（3）平行文是同级机关或不相隶属的机关之间制发的公文，如函、议案。

有些公文的行文方向不固定，在不同的情况下有不同的归属，如意见既可作为上行文，也可作为下行文、平行文使用。

2. 按照有无保密要求，可以将行政公文分为普通公文和保密公文两大类；按照秘密等级的不同，可以将保密公文分为绝密文件、机密文件和秘密文件三种。

3. 按照行政公文紧急程度的不同，可以将行政公文分为紧急公文和普通公文，紧急公文又分"特急"和"加急"两类。

四、行政公文的作用

1. 领导和指导作用

公文是维系公务活动正常开展的工具。党和国家的各级领导机关通过制发文件来传达方针政策，对下级机关的工作进行具体的部署和指导。

2. 行为规范作用

党和国家的各种法律和规章都是以公文的形式制定和发布的，一经发布实施，就必须坚决贯彻执行，不得违反。

3. 传递信息作用

公文是信息传递的重要渠道。党和政府的各级机关之间，其决策、方针、设想、意图等政务信息，常常是通过公文来传递的。

4. 公务联系作用

各级机关在处理日常工作中，经常要与其他机关单位联系。公文是各级机关纵向和横向联络的纽带，在各级机关之间起到沟通情况、商洽工作、协调关系、处理问题的公务联系作用。

5. 凭据记载作用

各种公文都比较全面、真实地记录了机关工作活动的实际情况，具有保存价值，可将其作为日后总结工作经验、制定新的政策措施和核对事实的重要查考资料和凭证。

第二节　行政公文的基本格式

一、行政公文的基本格式

按照《党政机关公文格式》（GB/T 9704-2012）的有关规定，公文在格式上分为版头、主体、版记三部分。公文首页红色分隔线以上的部分称为版头；公文首页红色分隔线（不含）以下、公文末页首条分隔线（不含）以上的部分称为主体；公文末页首条分隔线以下、末条分隔线以上的部分称为版记。

（一）版头

公文的版头部分包括份号、密级和保密期限、紧急程度、发文机关标志、发文字号、签发人等要素。

1. 份号

份号是指将同一公文印制若干份时每份公文的顺序编号。如需标注公文份号，一般用6位3号阿拉伯数字，顶格编排在版心左上角第一行。

2. 密级和保密期限

如需标注密级和保密期限，一般用3号黑体字，顶格编排在版心左上角第二行；保密期限中的数字用阿拉伯数字标注。如需同时标识密级和保密期限，它们之间用"★"号隔开。

3. 紧急程度

一般用3号黑体字,顶格编排在版心左上角。如需同时标注份号、密级和保密期限、紧急程度,按照份号、密级和保密期限、紧急程度的顺序自上而下分行排列。

4. 发文机关标志

发文机关标志由发文机关全称或规范化简称加"文件"组成,也可以使用发文机关全称或者规范化简称。发文机关标志使用红色小标宋体字居中排布。联合行文时,主办机关名称排列在前。

5. 发文字号

发文字号由机关代字、年份、序号组成。编排在发文机关标志下空两行位置,居中排布。年份、发文顺序号用阿拉伯数字标注;年份应标全称,用六角括号"〔〕"括入;发文顺序号不加"第"字,不编虚位(即1不编为01),在阿拉伯数字后加"号"字。如"国办发〔2020〕3号",表示此件为国务院办公厅2020年制发的第3号文件。上行文的发文字号居左空一字编排,与最后一个签发人姓名处在同一行。

6. 签发人

上报公文需标识签发人姓名,由"签发人"三字加全角冒号和签发人姓名组成,居右空一字,编排在发文机关标志下空两行位置。"签发人"三字用3号仿宋体字,签发人姓名用3号楷体字。如有多个签发人,签发人姓名按照发文机关的排列顺序从左到右、自上而下依次均匀编排,一般每行排两个姓名,回行时与上一行第一个签发人姓名对齐。

(二)主体

公文的主体部分包括公文标题、主送机关、正文、附件、发文机关署名、成文日期和印章、附注等要素。

1. 公文标题

公文标题一般由发文机关名称、事由(文件主题)及文种(文件种类)三部分组成,位于文件首页发文字号之下,分一行或多行居中排布;回行时,要做到词意完整,排列对称,长短适宜,间距恰当,标题排列应当使用梯形或菱形。其结构如下:

××省人民政府关于××××××工作的通知

发文机关+事由+文种

在撰写标题时，发文机关的名称要写全称或规范化简称，如果文件首页具有制发机关的标志，其标题中可省略发文机关名称。事由是标题的主体部分，应准确、简要地概括文件的内容。文种是公文文体的名称，正确使用文种有助于及时、准确地处理文件。公文标题中除法规、规章名称加书名号外，一般不用标点符号。

公文标题应当准确、概括、简要，以便于公文的检索与处理，便于读者理解公文的内容与行文的目的。

2. 主送机关

主送机关指公文的主要受理机关，应当使用全称或者规范化简称、统称，于标题下空一行位置，居左顶格书写。

3. 正文

这是公文的主体，用来表达公文的具体内容。正文结构一般包括导语、主体和结尾三部分。导语部分主要写明制发公文的依据、目的或原因；主体部分是公文的核心部分，其结构安排要有逻辑性、条理性，文中结构层次序数依次用"一、""（一）"" 1.""（1）"标注。因各文种的发文目的不同，其写作要求、结尾用语也不同，各种公文一般都有与文种相适应的习惯尾语。

4. 附件

附件指与公文内容有关的随文发送的文件、材料等。如有附件，在正文下空一行左空两字编排"附件"二字，后标全角冒号和附件名称。附件名称后不加标点符号。

5. 发文机关署名、成文日期和印章

（1）发文机关署名。单一机关行文时，一般在成文日期之上、以成文日期为准居中编排发文机关署名；联合行文时，一般将各发文机关署名按照发文机关顺序整齐排列在相应位置。

（2）成文日期。加盖印章的公文，其成文日期一般右空四字编排，用阿拉伯数字将年、月、日标全。

（3）印章。单一机关行文时，印章端正、居中下压发文机关署名和成文日期；联合行文时，将印章与各发文机关署名一一对应，端正、居中下压发文机关署名，最后一个印章端正、居中下压发文机关署名和成文日期，印章之间排列整齐、互不相交或相切。不论单一机关行文还是联合行文均不得出现空白印章。

6. 附注

附注指与文件有关的简要说明，如文件的阅读范围、使用时需注意的事项等。

如有附注，居左空两字加圆括号编排在成文日期下一行。

（三）版记

1. 抄送机关

抄送机关指除主送机关外需要执行或知晓公文的其他机关，应当使用全称或规范化简称、统称。如有抄送机关，一般用 4 号仿宋体字，在印发机关和印发日期之上一行、左右各空一字编排。抄送机关之间用逗号隔开，最后一个抄送机关名称后标句号。

2. 印发机关和印发日期

印发机关指负责把公文文稿印成正式公文的机关，一般是各机关的办公厅或文秘部门。印发日期是指把公文文稿送往印刷的日期。印发机关和印发日期一般用 4 号仿宋字体，编排在末条分割线之上，印发机关左空一字，印发日期右空一字，用阿拉伯数字将年、月、日标全。

二、公文的特定格式

1. 信函式格式

发文机关标志上边缘至上页边为 30mm，推荐使用红色小标宋体字。发文机关全称下为一条武文线（上粗下细），距下页边 20mm 处为一条文武线（上细下粗）。发文机关名称及双线均印红色。发文字号顶格居版心右边缘编排在武文线下。如需标注份号、密级和保密期限、紧急程度，应当顶格居版心左边缘依次自上而下分行编排在武文线下。

2. 命令（令）格式

发文机关标志由发文机关全称加"命令"或"令"字组成，居中排布，上边缘至版心上边缘为 20 mm，推荐使用红色小标宋体字；发文机关标志下空两行居中编排令号，令号下空两行编排正文；正文下一行右空四字标识签发人签名章，签名章左空二字标识签发人职务；联合发布的命令或令的签发人职务应标识全称。在签发人签名章下一行右空二字标识成文日期。

3. 纪要格式

纪要标志由"×××××"加"纪要"组成，居中排布，上边缘至版心上边缘为 35 mm，推荐使用红色小标宋体字。

三、公文的排版规格与印刷装订要求

由国家质量监督检验检疫总局、国家标准化管理委员会发布的《党政机关公文格式》(GB/T 9704-2012)对党政机关公文的排版规格与印刷装订要求等做出了明确规定。

1. 排版规格

正文用 3 号仿宋体字,一般每面排 22 行,每行排 28 个字。

2. 印刷要求

双面印刷;页码套正,两面误差不得超过 2mm。

3. 用纸要求

公文用纸采用 GB/T 148 中规定的 A4 型纸,其成品幅面尺寸为:210 mm×297 mm。

4. 装订要求

公文应当左侧装订,不掉页,两页页码之间误差不超过 4 mm,裁切后的成品尺寸允许误差 ±2mm,四角呈 90°,无毛茬或缺损。

第三章 行政公文（一）

第一节 决定

一、决定的概念

决定是"适用于对重要事项做出决策和部署、奖惩有关单位和人员、变更或者撤销下级机关不适当的决定事项"的公文。

二、决定的类型

根据内容和适用范围，可将决定分为三大类：

1. 部署性决定

部署性决定用于对重要事项做出决策和部署。

2. 奖惩性决定

奖惩性决定用于对一些事迹突出、有典型意义的先进集体或个人进行表彰，或者对一些影响较大的事故或人员进行处理。

3. 变更性决定

变更性决定用于变更或者撤销下级机关不适当的决定事项。

三、决定的结构与写法

决定由标题、主送机关、正文、署名和成文日期五个部分组成。

1. 标题

决定的标题主要有两种形式：

（1）完全式标题。由发文机关、事由和文种三部分组成，如《中共中央关于全面深化改革若干重大问题的决定》。

（2）省略式标题。通常省略发文机关，由事由和文种两部分组成，如《关于环境保护工作的决定》。

2. 主送机关

决定是下行文,主送机关通常有多个,主送机关名称要写机关全称或规范化简称。

3. 正文

决定的正文一般由事由和决定事项两部分构成。

(1)事由。写明决定制发的依据、缘由或目的,用语要准确,简明扼要。

(2)决定事项。即决定的具体内容。决定事项有的以阐发重大决策的意义、提出具体要求为主,有的以部署工作为主,根据内容的多少,可采用分条列项的形式,也可采用小标题的形式,做到条理分明、层次清晰。

4. 署名

在正文右下方标注发文机关名称。

5. 成文日期

决定的成文日期有三种标注方式:

(1)置于发文机关名称下一行。

(2)把成文日期加括号置于标题下,如:

中共中央关于授予张富清同志"全国优秀共产党员"称号的决定

(2019年6月27日)

(3)会议通过的决定,其成文日期加括号置于标题下方,如果通过日期与发布实施日期不一致,还要另外标注发布日期或实施日期。

四、决定的写作要求

1. 发文缘由要写得简洁明白,有法可依,有理有据。
2. 决定事项要写得具体明确,具有可操作性。

五、例文

【例一】

国务院关于授权和委托用地审批权的决定

国发〔2020〕4号

各省、自治区、直辖市人民政府,国务院各部委、各直属机构:

为贯彻落实党的十九届四中全会和中央经济工作会议精神,根据《中华人民共和国土地管理法》相关规定，在严格保护耕地、节约集约用地的前提下，进一步深化"放管服"改革，改革土地管理制度，赋予省级人民政府更大用地自主权，现决定如下：

一、将国务院可以授权的永久基本农田以外的农用地转为建设用地审批事项授权各省、自治区、直辖市人民政府批准。自本决定发布之日起，按照《中华人民共和国土地管理法》第四十四条第三款规定，对国务院批准土地利用总体规划的城市在建设用地规模范围内，按土地利用年度计划分批次将永久基本农田以外的农用地转为建设用地的，国务院授权各省、自治区、直辖市人民政府批准；按照《中华人民共和国土地管理法》第四十四条第四款规定，对在土地利用总体规划确定的城市和村庄、集镇建设用地规模范围外，将永久基本农田以外的农用地转为建设用地的，国务院授权各省、自治区、直辖市人民政府批准。

二、试点将永久基本农田转为建设用地和国务院批准土地征收审批事项委托部分省、自治区、直辖市人民政府批准。自本决定发布之日起，对《中华人民共和国土地管理法》第四十四条第二款规定的永久基本农田转为建设用地审批事项，以及第四十六条第一款规定的永久基本农田、永久基本农田以外的耕地超过三十五公顷的、其他土地超过七十公顷的土地征收审批事项，国务院委托部分试点省、自治区、直辖市人民政府批准。首批试点省份为北京、天津、上海、江苏、浙江、安徽、广东、重庆，试点期限1年，具体实施方案由试点省份人民政府制定并报自然资源部备案。国务院将建立健全省级人民政府用地审批工作评价机制，根据各省、自治区、直辖市的土地管理水平综合评估结果，对试点省份进行动态调整，对连续排名靠后或考核不合格的试点省份，国务院将收回委托。

三、有关要求。各省、自治区、直辖市人民政府要按照法律、行政法规和有关政策规定，严格审查把关，特别要严格审查涉及占用永久基本农田、生态保护红线、自然保护区的用地，切实保护耕地，节约集约用地，盘活存量土地，维护被征地农民合法权益，确保相关用地审批权"放得下、接得住、管得好"。各省、自治区、直辖市人民政府不得将承接的用地审批权进一步授权或委托。

自然资源部要加强对各省、自治区、直辖市人民政府用地审批工作的指导和服务，明确审批要求和标准，切实提高审批质量和效率；要采取"双随机、一公开"等方式，加强对用地审批情况的监督检查，发现违规问题及时督促纠正，重大问题及时向国务院报告。

国务院（章）

2020年3月1日

【例二】

国务院关于 2019 年度国家科学技术奖励的决定

国发〔2020〕2 号

各省、自治区、直辖市人民政府，国务院各部委、各直属机构：

为深入贯彻落实习近平新时代中国特色社会主义思想，全面贯彻党的十九大和十九届二中、三中、四中全会精神，坚定实施科教兴国战略、人才强国战略和创新驱动发展战略，国务院决定，对为我国科学技术进步、经济社会发展、国防现代化建设作出突出贡献的科学技术人员和组织给予奖励。

根据《国家科学技术奖励条例》的规定，经国家科学技术奖励评审委员会评审、国家科学技术奖励委员会审定和科技部审核，国务院批准并报请国家主席习近平签署，授予黄旭华院士、曾庆存院士国家最高科学技术奖；国务院批准，授予"高效手性螺环催化剂的发现"国家自然科学奖一等奖，授予"电化学表面增强拉曼光谱学研究"等 45 项成果国家自然科学奖二等奖，授予"复杂机场高精度飞行校验技术及装备"等 3 项成果国家技术发明奖一等奖，授予"农产品中典型化学污染物精准识别与检测关键技术"等 62 项成果国家技术发明奖二等奖，授予"海上大型绞吸疏浚装备的自主研发与产业化"等 3 项成果国家科学技术进步奖特等奖，授予"高品质特殊钢绿色高效电渣重熔关键技术的开发和应用"等 22 项成果国家科学技术进步奖一等奖，授予"优质早熟抗寒抗赤霉病小麦新品种西农 979 的选育与应用"等 160 项成果国家科学技术进步奖二等奖，授予马丁·波利亚科夫教授等 10 名外国专家中华人民共和国国际科学技术合作奖。

全国科学技术工作者要向黄旭华院士、曾庆存院士及全体获奖者学习，不忘初心、牢记使命，继续发扬服务国家、造福人民的光荣传统和追求真理、勇攀高峰的科学精神，坚持新发展理念，深入实施创新驱动发展战略，坚定不移走中国特色自主创新道路，着力实现原始创新重大突破，攻克关键核心技术，推动科技成果转化应用，加强科技创新开放合作，为建成创新型国家、加快建设世界科技强国，夺取全面建成小康社会伟大胜利、实现"两个一百年"奋斗目标和中华民族伟大复兴的中国梦作出新的更大贡献。

国务院（章）

2020 年 1 月 7 日

第二节 通知

一、通知的概念

通知是适用于发布、传达要求下级机关执行和有关单位周知或者执行的事项，批转、转发公文的公文，属于下行文。

二、通知的特点

通知是公文中使用范围最广、使用频率最高的公文。

1. 使用范围广

通知不受发文机关级别高低的限制，各级各类党政机关、企事业单位、社会团体均可以使用。

2. 使用频率高

通知可以用来传达事项，也可以用于批转或转发公文，还可以用于人事任免；大到党和国家的方针政策，小到单位的各项工作部署安排，都可以使用通知。

三、通知的类型

根据用途和适用范围，可将通知分为以下四类：

1. 指示性通知

指示性通知主要用于向下级机关布置工作，指示工作方法、步骤，要求下级机关办理或贯彻执行。这类通知的内容往往比较重要，有较强的权威性和制约性，如《国务院办公厅关于严格执行国家法定节假日有关规定的通知》。

2. 转发类通知

转发类通知主要用于批转下级机关的公文、转发上级机关或不相隶属机关的公文。

（1）批转文件的通知。指上级机关对下级机关上报的公文（如含有建议性的报告、请示、意见等公文）加以批示后，再以上级机关的名义转发给有关下级机关共同遵守或执行，其重点在于"批"，如《国务院批转城建部〈关于扩大城市拆迁住宅补贴报告〉的通知》。

（2）转发文件的通知。指将上级机关下发的文件或不相隶属机关发来的文件转发给自己的下级机关，其重点在于"转"，如《国务院办公厅关于转发教育部中小学公共安全教育指导纲要的通知》。

批转与转发就其性质、结构与发文方式而言，有相似之处：所批转或转发出去的公文，都另有作者。通知的正文一般由所批转或转发的公文标题和批转或转发要求两部分构成。

（3）印发文件的通知。指印发本机关或本机关与其他机关联合制定的公文的通知，其重点在于"公布"，如《教育部、财政部关于印发〈关于对全国部分贫困地区农村中小学生试行免费提供教科书的意见〉的通知》。

3. 事项类通知

事项类通知主要用于向有关单位告知某一事项，最常见的就是各类会议通知。

4. 任免类通知

任免类通知用于任免和聘用干部。只有任命事项而没有免职事项的是任命通知，只有免职事项而没有任命事项的是免职通知，既有任命事项也有免职事项的是任免通知。有任有免的通知，一般先写任命后写免职。

四、通知的结构与写法

通知一般由标题、主送机关、正文、署名和成文日期五个部分组成。

1. 标题

通知的标题主要有以下两种形式：

（1）完全式标题。由发文机关、事由和文种三部分组成，如《国务院关于切实加强艾滋病防治工作的通知》。需要注意的是，批转类通知的标题也是由三要素组成，不过其中的事由是所批转或转发的公文的名称，其结构是"发文机关＋批转（转发或印发）＋被转发或印发的文件名称＋文种"，如《国务院批转国家旅游局关于加强旅游行业管理若干问题请示的通知》。

（2）省略式标题。通常省略发文机关，由事由和文种两部分组成，如《关于进一步规范职业技能培训管理工作的通知》。

2. 主送机关

所有通知都必须写明主送机关，即必须指定此通知的承办、执行和应当知晓的主要受文机关。

3. 正文

通知的正文一般由三部分组成：发文缘由、通知事项和结尾。

（1）发文缘由。一般写明制发通知的理由、目的、根据和意义等。

（2）通知事项。这是通知的主体部分，要写明要求受文机关承办、执行或应予知晓的事项。通知事项较多时要分条列项写出，以便受文机关明确。如会议通知，一般要写明会议名称、会议主承办单位、会议起止时间、会议地点、参加人员、会议内容和主要议题、日程安排、携带材料、报到时间、食宿安排、交通信息、联系人及联系方式等有关事宜。

（3）结尾。通知的结尾主要有三种形式：一是事项结束全文就自然结尾，不再单写结束语；二是用习惯用语"特此通知"结尾，"特此通知"要独立成段，空两格，点句号；三是写通知的执行要求，或对受文机关提出希望以期引起受文单位重视。

4. 署名

在正文右下方写明发文机关名称。

5. 成文日期

成文日期标注于发文机关名称之下。

五、通知的写作要求

1. 语言要准确简洁，便于受文者知晓。
2. 内容要具体，可行性强，便于受文者操作。

六、例文

【例一】

国务院办公厅关于开展国家脱贫攻坚普查的通知

国办发〔2020〕7号

各省、自治区、直辖市人民政府，国务院各部委、各直属机构：

根据《中共中央 国务院关于打赢脱贫攻坚战三年行动的指导意见》部署，经国务院同意，定于2020年至2021年年初开展国家脱贫攻坚普查。现将有关事项通知如下：

一、普查目的和意义

脱贫攻坚是党中央、国务院作出的重大决策部署，是全面建成小康社会、实现第一个百年奋斗目标的标志性工程和底线任务。国家脱贫攻坚普查是精准扶贫精准脱贫的重要基础性工作，是对脱贫攻坚成效的一次全面检验。普查重点围绕脱贫结果的真实性和准确性，全面了解贫困人口脱贫实现情况，为分析判断脱贫攻坚成效、总结发布脱贫攻坚成果提供真实准确的统计信息，为党中央适时宣布打赢脱贫攻坚战、全面建成小康社会提供数据支撑，确保经得起历史和人民检验。

二、普查范围和对象

普查范围是832个国家扶贫开发工作重点县和集中连片特困地区县，享受片区政策的新疆维吾尔自治区阿克苏地区7个市县，以及在中西部22个省（区、市）抽取的部分其他县。

普查对象为普查范围内的全部行政村（包括有建档立卡户的居委会、社区）和全部建档立卡户。

三、普查内容和标准时点

普查内容包括建档立卡户基本情况、"两不愁三保障"实现情况、主要收入来源、获得帮扶和参与脱贫攻坚项目情况，以及县和行政村基本公共服务情况等。

普查标准时点为2020年12月31日。

四、普查组织和实施

为加强组织领导，国务院成立了国家脱贫攻坚普查领导小组，负责国家脱贫攻坚普查组织和实施，协调解决普查中的重大问题。领导小组办公室设在国家统计局，具体负责普查的组织和实施。各成员单位要按照职能分工，各负其责、通力协作、密切配合。

中西部22个省（区、市）普查领导小组及其办公室要加强领导，精心组织，及时解决普查工作中遇到的困难和问题，地方有关部门要积极配合做好普查工作。地方普查机构根据工作需要，选调符合条件的普查指导员和普查员。要保证选调人员在原单位的工资、福利及其他待遇不变，稳定普查工作队伍，确保普查工作顺利进行。

五、普查经费保障

国家脱贫攻坚普查所需经费，由中央和地方各级财政按规定予以保障，列入相应年度政府预算，按时拨付、确保到位。

六、普查工作要求

（一）提高思想认识。要深入贯彻落实习近平总书记关于脱贫攻坚普查的重要指示精神，提高政治站位，把思想和行动统一到党中央、国务院决策部署上来，高度重视，周密部署，分工协作，分级负责，坚决克服新冠肺炎疫情影响，扎实做好普查各项工作，确保高质量完成普查任务。

（二）坚持依法普查。普查工作应当严格遵守执行《中华人民共和国统计法》《中华人民共和国统计法实施条例》和国家脱贫攻坚普查方案。普查对象要真实、准确、完整、及时地提供普查所需的资料，不得虚报、瞒报、迟报、拒报。普查机构和普查人员应当如实搜集、报送普查资料，不得伪造、篡改普查资料，不得以任何方式要求普查对象提供不真实的普查资料。地方各级人民政府及有关部门和单位不得自行修改普查机构和普查人员依法搜集的普查资料，不得以任何方式要求普查机构、普查人员及其他机构人员伪造、篡改普查资料。普查取得的资料严格限定用于普查目的，各级普查机构及其工作人员必须严格履行保密义务。

（三）确保数据质量。充分利用先进信息技术直接采集上报源头数据，严格普查全流程数据质量管理，加强对普查指导员和普查员的管理和培训，建立数据质量保障和管理机制。加大统计执法和违纪违法行为惩戒力度，坚决杜绝人为干扰普查工作的现象。对于依纪依法应当给予党纪政务处分或组织处理的，由统计机构及时移送任免机关、纪检监察机关或组织（人事）部门处理。

（四）做好宣传引导。各级普查机构要会同宣传部门认真做好普查宣传的策划和组织工作。教育广大普查人员依法开展普查，引导广大普查对象依法配合普查，为普查工作顺利实施创造良好的舆论环境。要及时向社会公布脱贫攻坚普查有关情况，接受社会监督，提高普查透明度和公信力。

国务院办公厅（章）
2020年4月8日

【例二】

国务院办公厅关于印发 2020 年政务公开工作要点的通知

国办发〔2020〕17号

各省、自治区、直辖市人民政府，国务院各部委、各直属机构：

《2020年政务公开工作要点》已经国务院同意，现印发给你们，请结合实际认真贯彻落实。

国务院办公厅（章）
2020年6月21日

【例三】

关于举办"一流大学内部治理结构与人才战略研究"专题研讨会的通知

学会〔2019〕157号

有关高校、有关单位：

中国高等教育学会（简称"学会"）组织开展的"中国高等教育改革发展重大理论与实践问题研究"重大专项工作先后被列入2018、2019年教育部"奋进之笔"攻坚行动，"一流大学内部治理结构与人才战略研究"是其中的课题之一。为了更好地推动课题研究，推广研究成果，学会联合清华大学、北京大学、浙江大学将于2019年12月15日在北京共同主办"一流大学内部治理结构与人才战略研究"专题研讨会。现将有关事项通知如下：

一、会议主题

一流大学内部治理结构与人才战略研究

二、举办单位

主办单位：中国高等教育学会、清华大学、北京大学、浙江大学

承办单位：清华大学人事处、北京大学教育学院

三、会议形式

邀请高等教育研究专家、高校领导作专题报告；课题组研讨交流课题研究成果。

四、参会对象

高等教育领域研究专家学者、高校领导等单位负责人及管理人员，教学团队负责人、专业带头人、骨干教师等。

五、会议时间及地点

会议时间：2019年12月15日上午

会议地点：清华大学主楼会议室

六、有关事项

本次会议不收会务费，不统一安排食宿，费用自理。

七、报名方式

登录中国高等教育学会官网（http://www.hie.edu.cn）首页，点击"网上报名"，选择本次会议进行在线注册报名，名额有限，额满为止。会务组将于会前发出报到通知，告知具体事项。

学会秘书处学术部联系人：王怡情 010-82289585、18513119177

清华大学人事处联系人：李明 010-62771482、13693144862

中国高等教育学会（章）

2019 年 11 月 18 日

【例四】

关于香港特别行政区政府聂德权等 9 人职务任免的通知

国人字〔2020〕89 号

香港特别行政区政府：

依照《中华人民共和国香港特别行政区基本法》的有关规定，根据香港特别行政区行政长官林郑月娥的提名和建议，国务院 2020 年 4 月 22 日决定：任命聂德权为公务员事务局局长，徐英伟为民政事务局局长，曾国卫为政制及内地事务局局长，许正宇为财经事务及库务局局长，薛永恒为创新及科技局局长；免去罗智光的公务员事务局局长职务，刘江华的民政事务局局长职务，聂德权的政制及内地事务局局长职务，刘怡翔的财经事务及库务局局长职务，杨伟雄的创新及科技局局长职务，曾国卫的入境事务处处长职务。

国务院（章）

2020 年 4 月 22 日

第三节　通报

一、通报的概念

通报是适用于表彰先进、批评错误、传达重要精神和告知重要情况的公文，属于下行文。

二、通报的特点

1. 通报内容的准确性和典型性

一方面，通报所陈述的事实必须准确无误，不得有丝毫的夸大和缩小；另一方面，通报内容在某一方面要有代表性、普遍性，否则，不仅起不到应有的作用，甚至还有可能产生不良影响。

2. 通报目的的宣传教育性

通报的目的或是表彰先进以号召学习，或是批评错误以惩戒教育，或是传达重要精神和情况。无论哪一类通报，都是为了宣传上级的方针政策，教育广大群众。

3. 通报行文的及时性

表彰先进和批评错误的通报必须及时发布，否则时过境迁，就会削弱其奖惩的效果；传达重要精神或者告知重要情况的通报，如果行文不及时，就会延误工作。所以，通报行文尤其要迅速及时。

三、通报的类型

根据通报的用途、功能，可以把通报分为以下三类：

1. 表彰性通报

表彰性通报主要用于表彰先进人物或先进集体，以树立榜样，宣传典型，推广经验。

2. 批评性通报

批评性通报用于批评错误，以使大家从中吸取教训，引以为戒。

3. 情况通报

情况通报主要用于传达重要精神或者告知重要情况，以起到沟通信息的作用。

四、通报的结构与写法

通报一般由标题、主送机关、正文、署名和成文日期五个部分组成。

1. 标题

通报的标题主要有两种形式：

（1）完全式标题，即"发文机关＋事由＋文种"，如《山东省人民政府关于表彰全省矿业秩序治理整顿工作先进单位的通报》。

（2）省略式标题，即"事由＋文种"，如《关于近期一些地区发生重大建筑施工安全事故的情况通报》。

2. 主送机关

一般为直属下级机关，可以是一个，也可以是多个。

3. 正文

通报的正文一般采用"发文缘由＋分析评价＋通报决定＋结尾"的结构形式。

（1）发文缘由

一般要求写明制发通报的背景、根据、目的、意义。这部分要用简洁概括的语言写明事件发生的时间、地点、当事人或单位、事件结果。表彰通报要抓住主要的先进事迹，批评通报要抓住主要的错误事实，情况通报要说明主要的情况，以使人们清楚了解奖惩依据，认识到通报情况的重要性。

（2）分析评价

这部分要写明事件性质及发文机关对事件的态度、评价，指出事实所反映的本质意义。语言要精当扼要、中肯，有说服力。

（3）通报决定

通报决定是发文机关对当事人或单位的先进事迹或错误行为做出的或奖励或处罚的决定措施。情况通报一般没有这部分内容。

（4）结尾

通报的结尾一般有两种方式：一是提出希望、发出号召，希望被表彰的先进个人或集体戒骄戒躁，继续努力，号召人们向被表彰的先进个人或集体学习；或者希望被处罚的个人或单位能从错误事实中吸取教训并改正错误，希望广大群众引以为戒。二是针对通报所述的事实，提出要求或做出规定，或补充性地说明未尽事宜。

4. 署名

在正文右下方标注通报的发文机关。

5. 成文日期

成文日期标注于发文机关名称之下。

五、例文

【例一】

国务院办公厅关于对国务院第六次大督查发现的典型经验做法给予表扬的通报

国办发〔2019〕48号

各省、自治区、直辖市人民政府，国务院各部委、各直属机构：

为进一步推动中央经济工作会议部署和《政府工作报告》提出目标任务的贯

彻落实，国务院部署开展了第六次大督查。从督查情况看，各有关地区在以习近平同志为核心的党中央坚强领导下，以习近平新时代中国特色社会主义思想为指导，认真落实党中央、国务院重大决策部署，求真务实、攻坚克难，统筹推进稳增长、促改革、调结构、惠民生、防风险、保稳定各项工作，加大"六稳"工作力度，各项工作取得积极成效。在对16个省（区、市）开展实地督查中，除发现一些地方存在有令不行、有禁不止，不作为慢作为乱作为等问题外，也发现有关地方在减税降费、稳定和扩大就业、深化"放管服"改革优化营商环境、推动创新驱动发展、合理扩大有效投资等方面主动作为、精准发力，在实践中创造和形成了一批好的经验做法。

为表扬先进，宣传典型，进一步激发和调动各地区、各部门锐意进取、改革创新的积极性、主动性和创造性，推动形成善于破解难题、勇于干事创业的良好局面，经国务院同意，对天津市加强财政开源节流保障重点项目实施、四川省探索职务科技成果权属改革打通科技与经济结合通道等32项地方典型经验做法予以通报表扬。希望受到表扬的地方牢记使命，珍惜荣誉，发扬成绩，奋力拼搏，再创佳绩。

各地区、各部门要坚决贯彻落实党中央、国务院决策部署，坚持稳中求进工作总基调，坚持新发展理念，坚持推动高质量发展，坚持以供给侧结构性改革为主线，坚持深化市场化改革、扩大高水平开放，学习借鉴典型经验做法，认真履职尽责，强化责任担当，抓深抓实抓细抓好各项工作，力戒形式主义官僚主义，保持经济持续健康发展和社会大局稳定，确保完成全年经济社会发展主要目标任务，为实现"两个一百年"奋斗目标和中华民族伟大复兴的中国梦作出新的更大贡献。

附件：国务院第六次大督查发现的典型经验做法（共32项）

国务院办公厅（章）

2019年11月1日

【例二】

国务院办公厅关于西安地铁"问题电缆"事件调查处理情况及其教训的通报

国办发〔2017〕56号

各省、自治区、直辖市人民政府，国务院各部委、各直属机构：

党中央、国务院高度重视质量安全。习近平总书记明确指出，供给侧结构性改革的主攻方向是提高供给质量，提升供给体系的中心任务是全面提高产品和服务质量，要树立质量第一的强烈意识，下最大气力抓全面提高质量。李克强总理强调，我们追求的发展必须是提质增效升级的发展，提质就是要全面提高产品质量、服务质量、工程质量、环境质量，从而提高经济发展质量。西安地铁"问题电缆"事件曝光后，习近平总书记、李克强总理作出重要批示，要求加强全面质量监管，彻查此事，严肃处理。国务院责成质检总局会同有关部门和单位组成西安地铁"问题电缆"部门联合调查组，赴陕西省开展了深入调查，并组织对"问题电缆"进行排查更换。近日，国务院常务会议听取了调查处理情况汇报，决定依法依纪对西安地铁"问题电缆"事件进行严肃问责，严厉打击违法犯罪，进一步落实"放管服"改革要求，加强全面质量监管。现将有关情况通报如下：

一、主要问题及原因

通过调查核实，2014年8月至2016年底，陕西省西安市地铁3号线工程采购使用陕西奥凯电缆有限公司（以下简称奥凯公司）生产的不合格线缆，用于照明、空调等电路，埋下安全隐患，造成恶劣影响。这是一起严重的企业制售伪劣产品违法案件，是有关单位和人员与奥凯公司内外勾结，在地铁工程建设中采购和使用伪劣产品的违法案件，也是相关地方政府及其职能部门疏于监管、履职不力，部分党员领导干部违反廉洁纪律、失职渎职的违法违纪案件。暴露的问题主要有以下几个方面：

一是生产环节恶意制假售假。奥凯公司为牟取非法利益，低价中标后偷工减料、以次充好。生产过程中故意只将线缆的两端各15米左右按合同要求标准生产以备抽检，中间部分拉细"瘦身"，通过内部操作来控制产品质量等次。其产品大多未经有关机构检验，而是通过弄虚作假、私刻检验机构印章、伪造检验报告等手段蒙混过关。

二是采购环节内外串通。在工程线缆采购招投标中，奥凯公司向建设单位、施工单位人员送礼行贿。西安市地铁建设指挥部办公室以及施工单位的个别领导干部违规"打招呼"，为"问题电缆"中标提供方便。线缆采购没有明确的采购组织模式和关键设备材料采购目录，单纯以价格为主要决定因素，不法供应商铤而走险，牺牲产品质量，恶意低价竞标。

三是使用环节把关形同虚设。建设单位、施工单位及工程监理单位未认真履行责任，在线缆进场验收等方面没有严格执行有关管理规定，缺乏及时清出不合格材料的有效机制。个别干部职工收受钱物，与奥凯公司串通，违规默许其自行抽取样品、送检样品、领取检验报告，导致多个检验把关环节"失灵"，"问题电缆"在地铁工程建设中畅通无阻。

四是行政监管履职不力。陕西省人民政府、西安市人民政府，以及西安市地铁建设指挥部办公室、市质量技术监督局、市城乡建设委员会，杨凌示范区管委会，陕西省质量技术监督局、省住房和城乡建设厅、省工商行政管理局等单位，未严格执行相关规定，行政执法不规范，监管履职不到位。发现问题后，信息公布不及时，部门之间工作不衔接，未能采取有效措施及时处理。个别干部失职渎职，收受钱物。

以上问题叠加，导致"问题电缆"被大量采购使用，造成恶劣社会影响，严重损害了政府公信力。总结问题原因，主要有以下五个方面：

（一）质量安全意识不强。尽管这些年陕西省开展了"质量强省"活动，但在思想认识上没有牢固坚持质量第一，在抓具体工作上存在重部署、轻落实，重发文、轻检查的倾向，对重大民生工程项目质量安全督促检查不力、掉以轻心。西安市人民政府在地铁工程建设中片面追求低成本，对工程质量安全问题认识不足，为材料供应商不顾质量降低成本以最低价中标留下空间。杨凌示范区管委会组织相关职能部门开展质量监督检查工作较少。这些都导致"问题电缆"被大量用于地铁工程建设项目，埋下了安全隐患。

（二）落实"放管服"改革要求不到位。"问题电缆"能够在工程项目中一路"绿灯"，一个极其重要的原因就是，陕西省、西安市贯彻落实"放管服"改革部署不扎实、不深入，加强全面质量监管工作压力传导不够、督促落实不力，有关职能部门没有切实履职尽责。西安市地铁建设指挥部办公室对工程中使用关键材料审核把关不严。西安市城乡建设委员会对西安地铁3号线工程的日常监管缺失。杨凌示范区质量技术监督局对"眼皮底下"的奥凯公司严重违法行为未发现、未制止。西安市质量技术监督局对"问题电缆"质量检查执法程序不规范。陕西省质量技术监督局在产品质量安全监管工作中履行职责不到位。陕西省住房和城乡建设厅履行市政基础设施质量安全管理工作责任不到位，管理指导不力。陕西省工商行政管理局违规操作，把注册年限不满三年、不符合认定条件的奥凯公司商标认定为陕西省著名商标。

（三）协同监管执法机制不健全。陕西省、西安市相关监管职能部门未建立执法信息互联共享、质量守信联合激励和失信联合惩戒机制，部门之间信息不畅，工作不衔接，该管的没有管，或没有管住、管好。西安市质量技术监督局发现问题线索后，向相关部门通报不及时。西安市城乡建设委员会接到关于奥凯公司线缆有关情况的通报后，没有引起重视和正确处理，以"层层批转"替代现场监督检查。

（四）工程建设管理不完善。西安地铁"问题电缆"事件反映出，当地招投标和设备材料采购等方面的制度、政策设计不够严密，致使一些采购单位重视价格、忽视质量。加之招投标和设备材料采购监管机制不完善，对招投标违法违规行为惩治不严厉，致使一些个人和企业得以钻制度漏洞，不顾质量降低成本以最低价中标，再通过供应低于合同标准的"瘦身"产品牟利。陕西省工程质量保证体系不完善，企业质量安全主体责任落实不到位，建设单位、施工单位落实质量安全管理制度不严格，工程监理单位管理混乱，制度措施不健全，责任制不落实，工程监理人员履行职责不严，致使"问题电缆"乘虚而入。

（五）党风廉政建设和反腐败工作抓得不实不细。陕西省落实领导干部"一岗双责"相关规定不深入，对政府系统及分管部门党风廉政建设和反腐败工作没有抓常、抓细、抓长。西安市对工程建设领域的廉政风险防控不力，个别干部违规插手干预工程招投标、物资材料采购，违反廉洁纪律，为企业非法牟利提供方便。在全面从严治党的大背景下，部分单位落实党风廉政责任不到位，部分党员干部仍然不收敛、不收手，违反党纪国法。

二、责任追究情况

（一）严肃追究相关政府和监管部门责任。责成陕西省人民政府向国务院作出深刻书面检查。陕西省人民政府责令西安市人民政府作出深刻书面检查并进行整改，责令杨凌示范区管委会和陕西省质量技术监督局、省住房和城乡建设厅、省工商行政管理局作出深刻书面检查。西安市人民政府责令西安市地铁建设指挥部办公室、市质量技术监督局、市城乡建设委员会作出深刻书面检查。

（二）严肃追究相关人员领导责任和监管责任。陕西省按照干部管理权限，对有关政府部门及下属单位问责追责共计122人，涉及厅级16人、处级58人、科级及以下48人，分别给予党纪政纪处分93人、诫勉谈话16人、批评教育9人、解除劳动关系等其他处理4人。对其中17人涉嫌违法犯罪问题移送检察机关立案侦查。

陕西省对厅级人员处理如下：对西安市委常委、常务副市长吕健，市委常委、经济技术开发区党工委书记李婧，副市长聂仲秋，进行批评教育并责令作出深刻检查；给予西安市人民政府党组成员乔征行政记过处分；给予西安市地铁建设指挥部办公室党委书记张忠堂党内严重警告处分，免去其党委书记职务，作降职处理，调离市地铁建设指挥部办公室；给予西安市科协党组书记、常务副主席唐宏波(西安市地铁建设指挥部办公室原党委委员、副主任)开除党籍、开除公职处分,依法罢免其人大代表职务,涉嫌犯罪问题移送司法机关;给予西安市质量技术监督局党组书记、局长景六刚党内严重警告处分,免去其党组书记、局长职务,作降职处理,调离市质量技术监督局;给予西安市质量技术监督局原党委书记、局长丁玉萍党内严重警告处分,作降职处理;给予西安市城乡建设委员会党组书记、主任苗宝明党内警告处分;给予杨凌示范区党工委委员、管委会副主任陈亚平党内严重警告、行政记过处分,收缴违纪所得;对陕西省会展中心主任李建义(省质量技术监督局原副局长)进行诫勉谈话;对陕西省质量技术监督局总工程师牛子仲进行批评教育并责令作出深刻检查;对陕西省住房和城乡建设厅副厅长郑建钢进行诫勉谈话;给予陕西省工商行政管理局原副局长徐君峰党内警告处分;对陕西省工商行政管理局副局长郑成瑞进行诫勉谈话;给予陕西省工商行政管理局副巡视员吴凯行政记过处分。

(三)严肃追究建设单位、施工单位和工程监理单位及人员责任。西安市城乡建设委员会依法对建设单位西安市地下铁道有限责任公司处以罚款,对建设单位相关责任人处以罚款。对中铁一局集团建筑安装工程有限公司、中铁四局集团建筑装饰安装工程有限公司、四联智能技术股份有限公司、深圳市奇信建设集团股份有限公司等施工单位分别处以罚款,并依法追究其赔偿责任。对施工单位相关责任人分别处以罚款、吊销执业资格证书、5年内不予重新注册等处罚。对陕西兵器建设监理咨询有限公司、西安铁一院工程咨询监理有限责任公司分别处以罚款,没收违法所得,并依法追究其赔偿责任;对相关责任人分别处以罚款;停止2名总监理工程师执业,并建议住房城乡建设部吊销该2人的执业资格证书,5年内不予重新注册,同时,降低这2家工程监理单位的资质等级。西安市公安和检察机关对相关中央企业驻陕单位的19人立案侦查。

(四)严肃追究奥凯公司及涉案人员责任。西安市公安机关对奥凯公司法定代表人王志伟等8名犯罪嫌疑人执行逮捕,依法移送司法机关。按照有关规定,撤销奥凯公司全部强制性产品认证证书和质量管理体系认证证书,撤销奥凯公司陕西省著名商标认定。待对该公司债权债务、司法索赔、案件查办等妥善处理完结后,将依法吊销其营业执照和生产许可证。

涉及其他单位和人员的违法违纪线索,有关地方和部门正在核查处理。

三、举一反三,全面加强质量安全工作

西安地铁"问题电缆"造成安全隐患和重大经济损失,严重损害了政府的形象和公信力，性质十分恶劣，教训十分深刻。各地区、各部门要引以为戒、举一反三，以对人民高度负责的态度，深入推进"放管服"改革，进一步加强全面质量监管。

（一）必须树立质量第一的强烈意识，下最大气力抓全面提高质量。强化企业主体责任和政府监管责任，注重发挥企业主体作用、政府部门监管作用、社会组织和消费者监督作用，切实加强质量共治。加强对质量工作的领导，广泛开展质量提升行动，加强全面质量监管，严把各环节、各层次关口，进一步强化全过程全链条全方位监管，切实保障质量安全。推动企业加强全面质量管理，建立健全质量管理体系，提高制度执行力和质量控制力，确保涉及生命财产安全的重要产品、重要工程的质量安全。着力提高质量和核心竞争力，把质量打造成为新的竞争优势，全面提高产品质量、服务质量、工程质量和环境质量总体水平。当务之急，要全面深入排查"问题电缆"涉及的工程项目，尽快全部拆除更换"问题电缆"，同时在全国开展线缆产品专项整治，排查和消除各类安全隐患。

（二）必须加强事中事后监管，全面落实好"放管服"改革各项工作要求。深入推进"放管服"改革，加快转变政府职能，创新监管方式，政府部门要管好该管的，放开不该管的。要明规矩于前，明确市场主体行为边界特别是不能触碰的红线；寓严管于中，把主要精力转到加强事中事后监管上，充实一线监管力量，及时发现问题和处理问题；施重惩于后，严厉惩处侵害群众切身利益的违法违规行为。进一步简政放权，加快建立权力清单、责任清单和负面清单制度，以刚性的制度来管权限权。全面推行"双随机、一公开"监管，强化部门联合监管，推动部门间、地区间涉企信息交换和共享，及时公开企业不良信息，提升监管效率和水平。加强信用监管、智能监管、审慎监管和全过程监管，完善科学监管机制，加快实施"互联网＋政务服务"，寓监管于服务，急企业和群众所急，主动解决企业和群众困难，为实体经济发展创造良好的营商环境。

（三）必须完善机制，加快构建健康有序的市场环境。完善招投标和设备材料采购制度，抓紧修订相关法律法规和配套文件，营造"优质优价"的市场氛围。建立价格预警干预机制，加快改变以价格为决定因素的招标和采购管理模式，实施技术、质量、服务、品牌和价格等多种因素的综合评估，推动"拼价格"向"拼质量"转变。深入整顿市场秩序，加强打击侵犯知识产权和制售假冒伪劣商品工作，严厉打击各类扰乱市场秩序和不正当竞争行为，加大对有关建设工程质量的监督检查力度，建设优质工程。特别是要"严"字当头，大幅提高涉及群众生命安全的质量违法成本，坚决把严重违法违规企业依法逐出市场，让违法者付出高昂代价。

（四）必须压实责任，进一步加强党风廉政建设和反腐败工作。认真贯彻党中央关于全面从严治党的要求，落实国务院第五次廉政工作会议部署，教育引导广大公职人员持廉守正，干干净净为人民做事。切实履行"一岗双责"，强化激励和问责机制，严肃处理不作为、乱作为问题，推动政风作风转变，坚决纠正和严肃查处执法不公等问题。保持高压态势，聚焦重点领域，坚决惩治腐败问题，对侵害群众利益的违法违纪行为坚持"零容忍"，做到发现一起、查处一起。

国务院办公厅（章）

2017年6月21日

【例三】

国务院办公厅关于全国互联网政务服务平台检查情况的通报

国办函〔2017〕115号

各省、自治区、直辖市人民政府，国务院各部委、各直属机构：

为摸清全国互联网政务服务平台现状，推动提升政务服务质量和实效，切实便利企业群众办事创业，经国务院同意，国务院办公厅近期对全国互联网政务服务平台进行了检查。现将有关情况通报如下：

一、基本情况

本次对31个省（区、市）及新疆生产建设兵团的互联网政务服务平台进行了检查，共随机抽查平台201个，其中省级平台30个、地市级平台42个、区县级平台129个。除核查各平台功能是否可用外，还抽查了企业设立登记、教师资格认定、排污许可证核发等与企业群众生产生活密切相关的高频服务事项，共计865个。

截至2017年8月底，已有29个省（区、市）及新疆生产建设兵团建成一体化互联网政务服务平台，其中16个平台实现了省、市、县三级全覆盖。平台功能方面，北京、天津、上海、浙江、山东、广东、海南等地区平台搜索、注册、咨询等功能有效可用的比例在80%以上；服务事项方面，江苏、浙江、山东、广东、贵州、宁夏等地区平台80%以上的服务事项规范性、实用性、准确性较好。此外，浙江提出"最多跑一次"、江苏提出"不见面审批"等，对互联网政务服务平台服务实效提出了更高要求。

二、主要问题

各地区互联网政务服务平台加快建设的同时,在信息共享、平台功能、服务信息等方面也出现了一些问题,影响了平台作用的发挥,有的平台甚至办不成事。

(一)办事入口不统一。统一办事入口是方便群众找到和使用互联网政务服务平台的首要条件。但一些地方互联网政务服务平台与政府门户网站"两张皮",甚至出现同一事项内容不同、标准各异的现象,导致办事平台不好找、企业群众不愿用。抽查发现,26%的互联网政务服务平台未与本级政府门户网站前端整合,不能提供统一服务入口。

(二)政务信息不共享。政务信息共享是多平台多系统联动、简化优化办事流程的必要条件。但抽查发现,部分互联网政务服务平台未能与部门办事系统实现统一身份认证、一号登录,办事系统间数据不能共享复用,导致企业群众办事需要在多个平台和系统间重复注册登录,网上办事变得烦琐复杂,降低了办事体验。

(三)事项上网不同步。各级政务服务平台为方便群众办事,均按照部门或个人、企业等主题对政务服务事项分类设置。抽查发现,由于服务事项梳理上网跟不上平台建设步伐,68%的平台存在部分栏目下无内容的问题,导致"有路无车"、平台不能用。

(四)平台功能不完善。畅通咨询渠道和提供精准的站内搜索是互联网政务服务平台能办事、好办事的重要保障。抽查发现,87%的平台咨询投诉渠道真实有效,但回复不及时的情况比较突出,38%的平台对用户咨询问题超过5个工作日未作答复。22%的平台搜索功能不可用,市、县级平台尤为突出。一些平台无搜索功能,一些平台无法搜索到已有服务事项,搜索功能成摆设。

(五)服务信息不准确。办事服务信息清晰准确是实现"群众少跑腿"的必要条件。被抽查的政务服务事项中,有25%只提供了申请、受理、审查等办事环节名称,未对各环节要求进行具体清晰描述;33%未明确办理时限、收费标准、联系方式等要素;13%对办理材料表述不清晰,存在"根据有关法律法规规定应提交的其他材料"等类似表述或兜底性条款;41%未提供办事表格下载,48%未提供表格填写说明或示范文本;55%未明确办理材料格式要求,比如原件/复印件、纸质版/电子版、份数等。办事指南不实用已经成为受企业群众诟病的痛点。

三、下一步工作要求

各地区、各部门要按照《国务院关于加快推进"互联网+政务服务"工作的指导意见》(国发〔2016〕55号)要求,针对目前互联网政务服务平台存在的问题,认真清理整改,不断加强平台建设,提高服务能力,切实让企业群众办事更方便、更快捷。

(一)进一步完善平台功能。从方便企业群众办事角度出发,着力提升平台的实用性。各地区、各有关部门要依托政府门户网站构建权威、便捷的一体化互联网政务服务平台,已经单独建设的平台要尽快实现与政府门户网站的整合,统一办事入口。加快推进信息共享,实现单点登录、一网通办。科学合理设置服务分类,避免出现"有栏目无内容、空架子不实用"等问题。完善平台搜索、咨询等功能,确保公众能够"找得到、问得清"。

(二)准确细致公开办事服务信息。进一步规范和完善办事指南,详细列明依据条件、流程时限、收费标准、注意事项、联系方式等;明确提交材料的名称、依据、格式、份数、签名签章等要求,并提供规范表格、填写说明和示范文本。除办事指南明确的条件外,不得自行增加办事要求,不得存在模糊不清的表述。办事条件发生变化时,要动态更新相关信息。

(三)开展全面自查整改。各省(区、市)人民政府办公厅、国务院各有关部门办公厅(室)要对本地区、本部门的互联网政务服务平台进行梳理,通过全国政府网站信息报送系统填报相关信息。互联网政务服务平台已实现省、市、县三级以上行政层级全面覆盖的省(区、市),全省只需填报一个统一平台。要对照检查指标(见附件)组织开展对本地区、本部门互联网政务服务平台的全面自查整改。各地区、各有关部门要于2017年12月31日前完成信息填报和检查整改工作,并将整改情况报送国务院办公厅政府信息与政务公开办公室。国务院办公厅将对各地区、各部门的检查整改情况开展抽查核查,并向社会公开核查结果。

附件:全国互联网政务服务平台检查指标

国务院办公厅(章)

2017年10月6日

第四章　行政公文（二）

第一节　报告

一、报告的概念

报告是"适用于向上级机关汇报工作，反映情况，回复上级机关询问"的公文，属于上行文，目的在于保持上下级之间联系渠道的畅通，以利于工作的展开。

二、报告的特点

1. 真实性

报告的内容必须客观、真实，绝不许弄虚作假。如果成绩夸大其词，缺点错误轻描淡写，就无法让上级了解真实情况，从而影响上级机关判断和决策的正确性。

2. 及时性

报告必须尽快、及时，不能拖延时间。尤其是突发事件的情况报告，或回复上级机关询问的报告，更是如此。比如遇到突发的灾害性事件，若不及时报告，很可能会贻误抢险救灾的良机，从而造成不应有的财产损失或人员伤亡。

三、报告的类型

根据适用范围，可以把报告分为以下四类：

1. 工作报告

工作报告即向上级机关汇报本单位工作情况时使用的报告，以便上级机关及时了解、掌握本单位的工作现状。可以是向上级机关汇报某项工作的进展情况，也可以是向上级机关汇报工作的最终完成情况；可以是成绩经验，也可以是问题教训。

根据报告的内容是全方位反映单位的工作状况还是只反映某一方面的工作状况，工作报告又可以分为综合性的工作报告和专题工作报告。如《××学校2023年度工作报告》就是综合性工作报告，《××学校2023年度学生工作报告》是专题工作报告。

2. 情况报告

此类报告主要用于向上级机关报告本机关、本地区的重大事件，以及带有倾向性的新问题、新现象、新动向等，通常以陈述情况为主。一般来说在发生突发性事件或重大事故时，都要使用情况报告及时报告上级机关，以便于接受上级机关的指示，迅速、及时、有效地采取措施处理事件，解决问题。

3. 回复报告

回复报告是用于回复上级机关询问而使用的报告。与前两类不同的是，回复报告是被动行文，它须针对上级机关来文询问的内容进行回复，以便使上级机关了解其尚不清楚的事宜。

4. 递送报告

递送报告指向上级机关报送重要材料或物品时，随附的对材料或物品的介绍说明报告。

四、报告的结构和写法

报告一般由标题、主送机关、正文、署名和成文日期五个部分组成。

1. 标题

报告的标题主要有两种形式：

（1）发文机关＋事由＋文种，如《四川省人民政府关于去冬今春农田水利建设基本情况的报告》。

（2）事由＋文种，如《关于治理水质污染问题的报告》。

2. 主送机关

报告的主送机关应为负责受理报告的上级机关，主送机关只应有一个，如需呈送其他上级机关，应采用抄送形式。

3. 正文

报告的正文一般由发文缘由、报告事项和结尾三部分组成。

（1）发文缘由

报告的发文缘由主要写明报告的缘由、目的，或概括提示报告的主要内容，简要介绍报告的事项、情况等。发文缘由与报告事项之间，常采用"现就……报告如下"的承启语过渡。

（2）报告事项

报告事项是正文的主体，不同类型的报告写法也不尽相同。

工作报告的主体一般要写明工作成绩经验、问题教训及今后改进的措施、未来的打算等。工作成绩要求写出做了哪些工作、采取了哪些措施和做法、结果是怎样的；工作经验是要对所取得的成绩做规律性的认识和总结；工作中的问题教训是指工作中存在哪些缺点、不足，有哪些失误等。主体部分要主次分明，重点突出，不能记流水账，成绩与问题要平分笔墨。

情况报告的主体要将突发情况或事件的原委、经过、结果、性质与建议表述清楚。根据情况本身，这种陈述可采用横式结构，也可以采用纵式结构。

回复报告的主体要针对上级机关的询问写明回复意见或处理结果，要有问必答，问什么，答什么。既不能答非所问，顾左右而言他，也不要擅作主张，借题发挥。

递送报告的事项部分一般很短，只要说明所报送的材料或物品的名称、数量即可。

（3）结尾

报告的结尾主要有两种写法。一是在结尾部分说明今后的工作打算或提出工作意见、建议；二是用"专此报告""特此报告""请审阅"等习惯性尾语作结。

4.署名

在正文右下方标注报告的发文机关名称。

5.成文日期

置于发文机关名称下一行。

五、报告的写作要求

1.报告事项务必真实、客观，有喜报喜，有忧报忧。不能只报喜不报忧或夸大其词、弄虚作假。

2.突发情况报告要及时。

3.不能在报告中夹带请示事项。

六、例文

【例一】

关于 2020 年第二季度网站抽查情况的报告

国务院办公厅秘书局：

根据《国务院办公厅秘书局关于做好政府网站季度抽查工作的通知》（国办秘函〔2016〕48号）和《国务院办公厅秘书局关于印发政府网站与政务新媒体检查指标、监管工作年度考核指标的通知》（国办秘函〔2019〕19号）要求，我局近期组织开展了2020年第二季度网站抽查工作。现将相关情况报告如下。

一、抽查情况

我局对国防科工局局属网站进行全面普查，并根据抽查频率和比例要求，选取国防科工局网站（www.sastind.gov.cn）为网站抽查对象，严格按照《政府网站与政务新媒体检查指标》要求，重点围绕网站抽查发现问题的整改情况，网站的发布解读、办事服务、互动交流和功能设计等方面进行检查。从检查结果看，该网站总体运行良好，无单项否决情况，按照评分标准，本次检查为合格。

二、下一步工作措施

我局将进一步加强主动公开、提升政府信息管理、完善网站平台建设、畅通网民互动渠道、加强网站监督管理，推动政府网站服务水平迈上新台阶。

国家国防科技工业局（章）
2020年6月30日

【例二】

××市人民政府关于××百货大楼火灾事故调查处理的报告

××省人民政府：

2019年3月2日上午9点40分，我市××百货大楼发生重大火灾事故，根据初步统计，此次火灾未造成人员伤亡，但烧毁三层楼房一栋及商场内大部分商品，直接经济损失××万元，造成市区空气严重污染，市区交通严重堵塞，为防止灾情恶化，火灾发生地段电力供应一度中断。

火灾发生后，市消防队接到报警电话，紧急出动15辆消防车于3分钟后到达火灾现场进行火势控制和人员疏散。市中心医院出动10辆救护车于5分钟后到达现场对受伤人员进行救助，市长及各相关单位领导亲临现场成立指挥小组进行实地指挥。经过众多抢救人员通力合作，终于将火势控制并于下午1点20分将大火扑灭。事故善后工作正有序进行。

经调查核实，此次火灾为重大责任事故，事故直接原因为电焊厂工人刘某违章作业，在一楼铁窗架电焊，导致火花溅到易燃货品上引起火灾。事故发生前，百货大楼因内部装修，商场内电线凌乱，装修楼层杂物堆积，楼道内放置大量易燃物品，安全通道堵塞严重。在起火地点一楼，众多装修工作人员于大量易燃物品中进行施工，存在极大安全隐患，致起火后火势迅速蔓延。此外，大楼内部消防设施不齐全，致使火势蔓延时无力控制。

这次火灾的发生，××百货大楼领导负有重大责任。××百货大楼领导长期以来未过问过安全工作，公司安全制度不落实，员工安全意识淡薄，许多安全隐患长期得不到解决，消防设施形同虚设。甚至火灾发生后，该百货大楼的领导也未能及时赶到现场组织抢救，严重失职。

为认真吸取此次重大火灾的沉痛教训，市委、市政府召开了防火紧急电话会议，并决定采取以下措施：

一、对××百货大楼发生的火灾事故进行全市通报，责令××百货大楼进行整顿重组，肇事者刘某依法移送司法机关。

二、认真学习省商务厅关于搞好安全生产的有关规定，提高对新的经济形势下搞好安全工作的认识。市政府于3月上旬发出《关于加强安全生产工作的紧急通知》，要求各级政府部门认真学习有关安全工作的规定，牢固树立"安全第一，预防为主"的思想，迅速制订安全措施，建立健全安全生产、安全管理、安全监察等各项制度。

三、责令各地市经营场所于3月10日起开展安全知识和安全制度普及活动，提高员工防火意识和灾情逃生能力。

四、开展为期一周的市消防演习，普及民众防火意识，提高民众安全意识。

五、在全市开展安全生产大检查，及时消除事故隐患。从3月10日开始，市政府决定由市商务局负责成立专项检查小组，对各地市经营场所进行重点安全检查，凡不符合相关安全制度的一律勒令整改，整改不合格的场所停业整顿并通报批评。各部门一定严查严处，决不徇私枉法，尽一切努力做好安全工作，防止此类事故的再次发生。

专此报告。

××市人民政府（章）

2019年3月9日

【例三】

××学院关于我校工会干部有关待遇的报告

市总工会：

2019年3月12日函收悉。现将我校工会干部有关待遇报告如下：

一、我校基层工会主席由教师兼任，每年减免工作量80学时。

二、部门工会主席任职期间享受本单位行政副职待遇，由教师担任的每年减免工作量60学时。

三、校工会委员任职期间减免工作量50学时；部门工会委员每年减免工作量45学时。

专此报告。

××学院工会（章）
2019年3月19日

【例四】

关于报送重点研究基地"十三五"科研规划的报告

教育部社政司：

根据《关于教育部第二批人文社会科学重点研究基地制定"十三五"科研规划的通知》（教社政司〔2016〕××号）精神，我校边疆考古研究中心、数量经济研究中心、理论法学研究中心认真制定了"十三五"科研规划，现报送贵司，请查收。

附件：1. ××大学边疆考古研究中心"十三五"科研规划
　　　2. ××大学数量经济研究中心"十三五"科研规划
　　　3. ××大学理论法学研究中心"十三五"科研规划

××大学（章）
2016年3月1日

第二节 请示

一、请示的概念

请示是"适用于向上级机关请求指示、批准"的公文,属于上行文。请示主要适用于以下几种情况:

1. 工作中遇到新问题,却无执行依据,无章可循,原则上又不可擅自处理,应向上级机关请示如何开展该项工作。

2. 工作中遇到困难(如人力、财力或物力上的困难),而本单位无力解决,请求上级机关予以支持援助。

3. 工作中遇到超越本机关职权范围的事项,应向上级机关请求指示或批准。

4. 工作中出现意见分歧,又难以统一,无法开展工作,应向上级机关请求指示。

5. 遇有突发情况或计划外的事项,需中止正在执行的工作任务时,应向上级机关请求批准。

二、请示的特点

1. 事前行文

下级机关向上级机关发出请示的时间,必须在开展有关工作之前。请求批准的各类事项,在上级给予肯定性答复之前,不得擅自去做,决不允许"先斩后奏"。

2. 一文一事

为便于上级机关批复,请示必须一文一事。即在一篇请示里,只能请示一件事情、一个问题。

3. 请批对应

请示具有强制回复的性质,上级机关对于下级机关呈报的请示事项,无论同意与否都必须给予明确的批复,一份批复对应一份请示。请示所涉及的事项,一般比较重要或紧迫,没有批复,下级机关就无法开展工作。

4. 主送单一

请示的主送机关只能是一个主管上级机关,不允许"多头请示"。受双重领导的机关向一个上级机关行文,必要时抄送另一个上级机关。

三、请示的类型

根据请示的性质,可将请示分为以下三类:

1. 求示性请示

求示性请示即请求指示的请示。比如,请求上级机关对有关方针、政策、规定中难以理解或不明之处,以及在执行中需作变通处理的问题或涉及其他机构职权范围的问题给予政策上、认识上的指示。

2. 求批性请示

求批性请示即请求批准的请示。比如请求上级机关批准编制、机构设置、干部任免、经费、重大项目等事项。

3. 求转性请示

求转性请示即请求批转的请示。本部门对某些事关全局性或普遍性的问题提出解决方法或处理意见建议,请求上级机关批转给有关机关贯彻执行。求转性请示都带有附件,所附文件就是请求转发的文件。

四、请示的结构和写法

请示一般由标题、主送机关、正文、署名和成文日期五个部分组成。

1. 标题

请示的标题主要有两种形式:

(1)发文机关+事由+文种,如《广元市人民政府关于解决水利建设资金的请示》。

(2)事由+文种,如《关于在全国范围内开展国有资产产权登记工作的请示》。

2. 主送机关

请示的主送机关应为发文机关的直属上级机关。

3. 正文

请示的正文由发文缘由、请示事项和尾语组成。

(1)发文缘由。是请示正文的开头,也是请示事项的基础。一般来说,要写明请示的原因、目的和依据,有的请示还需说明请示的背景、相关情况等。不同于其他文种的是,请示的发文缘由部分要写得饱满、充分,有理有据,以便上级机关了解情况,给予答复。

（2）请示事项。即请求上级机关指示、批准的内容。请示事项要写得含义清楚，语言准确，不能含糊笼统有歧义。

（3）尾语。请示常用的尾语有"妥否，请批示""当否，请批示""以上如无不妥，请批转各地区、各部门执行"等。

4. 署名

在正文右下方标注请示的发文机关的全称或者规范化简称。

5. 成文日期

置于发布机关名称之下。

五、请示的写作要求

请示的写作与办理要严格遵照《党政机关公文处理工作条例》和《党政机关公文格式》（GB/T 9704-2012）的有关规定执行。

1. 请示必须一文一事，即一份请示集中请示一件事情、一个问题。

2. 请示的事项要合理，请示理由要充分，做到有理有据，符合客观实际情况。不能脱离实际，不顾大局，提出一些不合理、难以满足的要求。

3. 请示的语气宜温和谦恭，应采用"拟""建议""恳请"之类的词语，不可生硬武断。

4. 不得以本机关名义或本机关负责人名义向上级机关负责人报送请示。

5. 下级机关的请示事项，如需以本机关名义向上级机关请示，应当在提出倾向性意见后上报，不得原文转报上级机关。

6. 请示作为上行文，在正式印制上报时，应在文件版头标注签发人姓名。

六、请示与报告的区别

请示与报告同为上行文，但两者不能混用。请示与报告的区别主要有以下几点：

1. 行文目的不同

请示用于请求上级机关指示、批准，目的是请上级机关解释政策、批准事项、帮助解决困难，按公文的行文规则上级机关必须针对请示给予批复；而报告用于汇报工作、反映情况、回复询问，目的是使上级机关了解情况，掌握动态，为部署决策和指导工作提供依据，因此报告不必有回文。

2. 行文时间不同

请示必须事前行文，待上级机关批复后方可付诸行动；而报告的行文时间大多是在事后或事中，是已做了或正在做的事情。

3. 行文内容不同

请示必须一文一事，而报告的内容可以涉及工作的多个方面。

七、例文

【例一】

四川省卫生厅关于《贯彻职业病诊断与鉴定管理办法》有关问题的请示

卫生部法监司：

我省在贯彻《职业病诊断与鉴定管理办法》的过程中，有一些问题需卫生部进一步明示，以便更好地执行该管理办法。

一、职业病诊断鉴定专家库成员是否必须是取得省级卫生行政部门颁发的资格证书的诊断医师，即成为职业病鉴定专家库成员前是否必须有职业病诊断资格。

二、我们在审查、考核诊断机构的申请时，是否要求该机构（单位）必须有"三名以上"与诊断项目相适应有资格的诊断医师。

职业病诊断机构组织三名以上有诊断资格的诊断医师进行集体诊断，其"三名以上"的诊断医师是否必须是本单位的诊断医师。

三、有关的"证书""证明书""申请表""申报表"等印刷品，是否由卫生部统一印制。

四、职业病诊断机构批准证书有效期限为4年，职业病诊断医师的资格证书是否也应有有效期。

以上请示，请予批复。

四川省卫生厅（章）

××××年×月×日

【例二】

河间市人民政府关于申请将我市部分贫困村列入全省扶贫重点的请示

省扶贫办：

我市地处沧州西部，共辖20个乡镇、615个行政村，农业人口711414人，全市共有耕地140万亩，是传统农业县。近年来，在省、市的扶持下，我们对农业结构进行了调整,全市2006年生产总值达到了107亿元,人均收入达4217元,一些贫困村因政府尽力扶持取得了显著效果。但从全市来看,各乡镇发展很不均衡,尤其是东部、北部农业发展缓慢,产业化水平、农业效益、农民收入远远低于全市平均水平。

目前,全市仍有157个村、36479户、149384人的年人均收入低于958元,其中收入在693元以下的有117个村、26122户、104352人,贫困形势依然非常严峻,基础设施不完善,道路交通不便,生产条件落后,教育设施简陋,集体经济薄弱。主要原因有四个:一是受自然灾害影响较大。我市地处黑龙港流域,属多灾区,经常遭受风雹、干旱等灾害,导致部分村庄、部分农户缺粮。特别是故仙、黎民居、尊祖庄、龙华店等8乡镇情况非常严重,贫困村、贫困人口占全市的70%。二是水资源严重短缺。连年干旱,过度开采地下水,导致水位大幅下降,而且使用的深水井多为集资、贷款、股份井,灌溉成本高,农民负担较重。三是部分农民经营理念滞后。农业生产具有一定盲目性,产品流通渠道不宽,经营效益低。四是工业对农村支援不够。电线电缆、保温材料等支柱产业,是我市农村剩余劳动力增收的主要渠道,由于市场竞争激烈,部分企业经营不景气,农民收入受到很大的影响。

我们对贫困群众的生产、生活问题非常关注和重视,采取了一系列有效措施,多方筹措资金,解决了一些实际问题,但由于财力不足,扶贫工作十分艰难,特恳请省扶贫办将我市的部分贫困村列入全省扶贫重点,给予扶持。

妥否,请批示。

河间市人民政府(章)
××××年×月×日

【例三】

××省新闻出版局关于请求省政府办公厅转发《关于规范和加强我省高中教材出版发行工作的意见》的请示

省政府办公厅:

我省普通高中将从2019年秋季起进入新课程改革,教材选用品种和印供单位的增加,对我省高中教材出版发行工作提出了更高的要求。教材出版发行工作是否科学、合理、规范,直接影响到教育环境、教学秩序和素质教育,事关广大人民群众的根本利益。为积极配合我省高中课改,确保教学用书质量和课前到书,规范中小学教材市场秩序,保证我省中小学教材市场健康有序发展,借鉴山东、湖南等省份规范中小学教材市场的做法,我局起草了《关于规范和加强我省高中教材出版发行工作的意见》，拟请省政府办公厅转发各地市执行。

妥否，请批示。

附件：关于规范和加强我省高中教材出版发行工作的意见

××省新闻出版局（章）

2019年4月27日

第三节　批复

一、批复的概念

批复是"适用于答复下级机关请示事项"的公文，属于下行文。上级机关收到下级机关的请示后，要使用批复这一文种予以答复。

二、批复的特点

1. 被动性

批复是被动行文，先有请示才有批复。上级机关对下级机关的请求事项，无论同意与否都必须予以回复。

2. 针对性

批复的针对性体现在两个方面：一是批复必须针对请示机关行文，谁发的请示，就答复谁，而对非请示机关不产生直接影响；二是批复的内容必须针对请示事项，请示什么问题，就答复什么问题，不涉及请示事项以外的内容。

3. 制约性

批复针对请示事项提出的处理意见和办法，代表了上级机关对问题的决策，体现了党和国家的方针、政策，对下级机关具有行政约束力。因此，批复一经下发，下级机关必须遵照执行，不得违抗。

三、批复的结构与写法

批复一般由标题、主送机关、正文、署名和成文日期五个部分组成。

1. 标题

批复的标题主要有以下三种形式：

（1）发布机关＋事由＋请示机关＋文种，如《民政部关于同意安徽省恢复界首市给安徽省人民政府的批复》。

（2）发布机关＋事由＋文种，如《国务院关于长沙市城市总体规划的批复》。

（3）事由＋文种，如《关于〈中国公民自费出国旅游管理暂行办法〉的批复》。

2. 主送机关

为直属下级机关，即报送请示的机关。

3. 正文

批复的正文由引语、主体和结尾三部分组成。

（1）引语。即制发该批复的缘起与根据，一般援引来文的标题及发文字号作为批复的根据，如"你市《关于××的请示》（×政〔2019〕15号）文收悉，经研究批复如下"。

（2）主体。须针对相关请示事项给予明确答复。

（3）结尾。批复结尾的写法有三种：一是以惯用语"此复"或"特此批复"作结，"此复""特此批复"要独立成段，空两格，惯用语后点句号；二是对下级机关提出希望或要求；三是自然收尾。

4. 署名

在正文右下方标注请示的发文机关名称。

5. 成文日期

置于发文机关名称之下。

四、批复的写作要求

1. 坚持一请示一批复，针对请示事项，有的放矢。

2. 态度鲜明，批复清楚。对请示事项无论同意与否，都要态度鲜明，不能模棱两可，含糊其词。对下机关来说，批复是上级机关的决定和指示，只有做到"鲜明"和"清楚"，才便于下级机关执行。

3. 准确无误，及时迅速。上级机关收到请示后要认真调研，掌握有关的政策、方针，核实请示事项的真实性，做到批复有理有据，及时迅速。若不能及时批复，要予以说明。

五、例文

国务院关于同意设立"中国人民警察节"的批复

国函〔2020〕98号

公安部:

  你部关于申请设立"中国人民警察节"的请示收悉。同意自2021年起,将每年1月10日设立为"中国人民警察节"。具体工作由你部商有关部门组织实施。

国务院(章)
2020年7月11日

第五章　行政公文（三）

第一节　意见

一、意见的概念

意见是"适用于对重要问题提出见解和处理办法"的公文，既可以用作上行文，也可以用作下行文和平行文。作为上行文，下级机关可以用"意见"向上级机关提出工作构想、建议；作为下行文，意见具有指示、指导和规范作用，上级机关可以用"意见"向下级机关做出工作指示，阐明处理问题的办法和要求，下级机关应当遵照执行；作为平行文，它可以用来向平行机关或不相隶属的机关提出供对方决策、行动或工作的参考性意见。

二、意见的特点

1. 针对性

意见要针对工作中的重要问题（如具有倾向性的问题或其他亟待解决的重要问题），提出本单位的见解和具体的处理办法。这种"见解"和"处理办法"无疑具有鲜明的指向性，否则，如果只是泛泛而谈，就失去"见解"和"处理办法"的功用价值了。

2. 多向性

大多数公文行文方向单一，但意见却可以多向行文。可以作为上行文报上级机关，也可以作为下行文发给下级机关，还可以作为平行文送平行机关或不相隶属的机关。

3. 可操作性

意见不论作为上行文还是下行文、平行文，都不仅要提出"见解"，还要提出"处理办法"。也就是说，意见的内容必须具有可操作性，在对工作中遇到的问题进行理性思索的同时，还要有切实可行的办法、措施、方案，既要"务虚"，更要"务实"。

三、意见的类型

根据性质和行文方向，可以把意见分为以下三类：

1. 指导性意见

用于上级机关为解决某个重要问题或做好某项重要工作，对下级机关提出工作原则、具体措施与执行要求，以指导下级机关更好地开展工作。

2. 建议性意见

用于下级机关向上级机关提出改进、推动某项工作或解决某个问题的思路、设想、建议，以供上级机关决策时参考。

作为上行文，建设性意见应按请示性公文的程序和要求办理。这类意见一经上级机关批转，就成为上级机关的指导性意见，从而具有行政约束力。

3. 协商性意见

用于当本单位有需要其他平行机关或不相隶属的机关协助办理或支持的工作时，向平行机关或不相隶属的机关提出相关意见、建议和方案，以供对方参考。

四、意见的结构与写法

意见由标题、主送机关、正文、署名和成文日期五个部分组成。

1. 标题

意见的标题有两种形式：

（1）发文机关＋事由＋文种，如《国务院关于推进文化创意和设计服务与相关产业融合发展的若干意见》。

（2）事由＋文种，如《关于建立中小学校舍安全保障长效机制的意见》。

2. 主送机关

上行或平行的意见，通常只写一个主送机关；下行意见的主送机关，可以是一个，也可以是多个。

3. 正文

意见的正文一般由发文缘由、意见内容和要求三部分组成。

（1）发文缘由。指制发意见的原因、依据。除原因和依据外，有的意见在这部分还要概述背景、工作情况以及发现的问题等。发文缘由末尾，常以"特提出如下意见"或"现提出以下意见"承启下文。

（2）意见内容。这部分要针对重要问题提出建议、主张、处理办法、具体措施等。意见的篇幅较长时可以分条列项来写，有时还采用大小标题的形式。

（3）要求。这部分是意见内容的延续和补充。对上行意见来说，一般是请求上级机关批准的要求；对下行意见来说，是上级机关对下级机关下达的执行要求；对平行意见来说，是发文机关希望受文机关予以帮助和支持的协商性要求。

如果意见内容部分已经很明确，此部分也可省略。

4. 署名

在正文右下方标注发文机关名称。

5. 成文日期

置于发文机关名称之下。

五、意见的写作要求

1. 制发原因与根据要写得概括、简洁。
2. 意见内容要写得明确具体，具有可操作性。

六、例文

国务院办公厅关于支持多渠道灵活就业的意见

国办发〔2020〕27号

各省、自治区、直辖市人民政府，国务院各部委、各直属机构：

个体经营、非全日制以及新就业形态等灵活多样的就业方式，是劳动者就业增收的重要途径，对拓宽就业新渠道、培育发展新动能具有重要作用。为全面强化稳就业举措，落实保居民就业任务，经国务院同意，现就支持多渠道灵活就业提出以下意见。

一、总体要求

以习近平新时代中国特色社会主义思想为指导，全面贯彻党的十九大和十九届二中、三中、四中全会精神，坚持以人民为中心的发展思想，把支持灵活就业作为稳就业和保居民就业的重要举措，坚持市场引领和政府引导并重、放开搞活和规范有序并举、顺势而为、补齐短板，因地制宜、因城施策，清理取消对灵就业的不合理限制，强化政策服务供给，创造更多灵活就业机会，激发劳动者创业活力和创新潜能，鼓励自谋职业、自主创业，全力以赴稳定就业大局。

二、拓宽灵活就业发展渠道

（一）鼓励个体经营发展。持续深化商事制度改革，提供便捷高效的咨询、注册服务。引导劳动者以市场为导向，依法自主选择经营范围。鼓励劳动者创办投资小、见效快、易转型、风险小的小规模经济实体。支持发展各类特色小店，完善基础设施，增加商业资源供给。对下岗失业人员、高校毕业生、农民工、就业困难人员等重点群体从事个体经营的，按规定给予创业担保贷款、税收优惠、创业补贴等政策支持。（财政部、人力资源社会保障部、商务部、人民银行、税务总局、市场监管总局等按职责分工负责）

（二）增加非全日制就业机会。落实财政、金融等针对性扶持政策，推动非全日制劳动者较为集中的保洁绿化、批发零售、建筑装修等行业提质扩容。增强养老、托幼、心理疏导和社会工作等社区服务业的吸纳就业能力。加强对非全日制劳动者的政策支持，对就业困难人员、离校2年内未就业高校毕业生从事非全日制等工作的，按规定给予社会保险补贴。（民政部、财政部、人力资源社会保障部、住房城乡建设部、商务部、人民银行等按职责分工负责）

（三）支持发展新就业形态。实施包容审慎监管，促进数字经济、平台经济健康发展，加快推动网络零售、移动出行、线上教育培训、互联网医疗、在线娱乐等行业发展，为劳动者居家就业、远程办公、兼职就业创造条件。合理设定互联网平台经济及其他新业态新模式监管规则，鼓励互联网平台企业、中介服务机构等降低服务费、加盟管理费等费用，创造更多灵活就业岗位，吸纳更多劳动者就业。（国家发展改革委、教育部、工业和信息化部、人力资源社会保障部、交通运输部、商务部、文化和旅游部、国家卫生健康委、市场监管总局等按职责分工负责）

三、优化自主创业环境

（四）加强审批管理服务。开通行业准入办理绿色通道，对需要办理相关行业准入许可的，实行多部门联合办公、一站式审批。在政府指定的场所和时间内销售农副产品、日常生活用品，或者个人利用自己的技能从事依法无须取得许可的便民劳务活动，无须办理营业执照。加大"放管服"改革力度，引导劳动者规范有序经营。（市场监管总局和地方各级人民政府按职责分工负责）

（五）取消部分收费。取消涉及灵活就业的行政事业性收费，对经批准占道经营的免征城市道路占用费。建立公开投诉举报渠道，依法查处违规收费行为。（财政部、住房城乡建设部、市场监管总局和地方各级人民政府按职责分工负责）

（六）提供低成本场地支持。落实阶段性减免国有房产租金政策，鼓励各类业主减免或缓收房租，帮助个体经营者等灵活就业人员减轻房租负担。有条件的地方可将社区综合服务设施闲置空间、非必要办公空间改造为免费经营场地，优先向下岗失业人员、高校毕业生、农民工、就业困难人员提供。（国家发展改革委、民政部、住房城乡建设部和地方各级人民政府按职责分工负责）

四、加大对灵活就业保障支持

（七）推动新职业发布和应用。密切跟踪经济社会发展、互联网技术应用和职业活动新变化，广泛征求社会各方面对新职业的意见建议，动态发布社会需要的新职业，更新职业分类，引导直播销售、网约配送、社群健康等更多新就业形态发展。及时制定新职业标准，推出新职业培训课程。完善统计监测制度，探索建立新就业形态统计监测指标。（人力资源社会保障部、国家统计局等负责。列第一位者为牵头单位，下同）

（八）开展针对性培训。将有创业意愿的灵活就业人员纳入创业培训范围，组织开展开办店铺、市场分析、经营策略等方面的创业培训，促进提升创业能力和创业成功率。支持各类院校、培训机构、互联网平台企业，更多组织开展养老、托幼、家政、餐饮、维修、美容美发等技能培训和新兴产业、先进制造业、现代服务业等领域新职业技能培训，推进线上线下结合，灵活安排培训时间和培训方式，按规定落实职业培训补贴和培训期间生活费补贴，增强劳动者就业能力。（人力资源社会保障部、教育部、财政部等负责）

（九）优化人力资源服务。把灵活就业岗位供求信息纳入公共就业服务范围，开设灵活就业专区专栏，免费发布供求信息，按需组织专场招聘，送岗位进基层进社区，提供职业指导等服务。指导企业规范开展用工余缺调剂，帮助有"共享用工"需求的企业精准、高效匹配人力资源。有条件的城市可选择交通便利、人员求职集中的地点设立劳务市场或零工市场，组织劳务对接洽谈，加强疫情防控、秩序维护和安全管理。鼓励各类人力资源服务机构为灵活就业人员提供规范有序的求职招聘、技能培训、人力资源外包等专业化服务，按规定给予就业创业服务补助。（人力资源社会保障部、财政部等负责）

（十）维护劳动保障权益。研究制定平台就业劳动保障政策，明确互联网平台企业在劳动者权益保护方面的责任，引导互联网平台企业、关联企业与劳动者协商确定劳动报酬、休息休假、职业安全保障等事项，引导产业（行业、地方）工会与行业协会或行业企业代表协商制定行业劳动定额标准、工时标准、奖惩办法等行业规范。依法纠正拖欠劳动报酬等违法违规行为。持续深入推进工程建设领域农民工按项目参加工伤保险，有针对性地做好工伤预防工作。（人力资源社会保障部、应急部、全国总工会等按职责分工负责）

（十一）加大对困难灵活就业人员帮扶力度。2020年缴纳基本养老保险费确有困难的灵活就业人员，可按规定自愿暂缓缴费。对符合条件的灵活就业人员，及时按规定纳入最低生活保障、临时救助范围。（民政部、财政部、人力资源社会保障部、税务总局等按职责分工负责）

五、切实加强组织实施

（十二）强化组织领导。地方各级人民政府特别是市、县级人民政府要切实履行稳就业主体责任，把支持多渠道灵活就业作为就业工作重要内容，结合实际创新工作举措，加强规范引导，完善监督管理，促进灵活就业健康发展。各级人民政府要统筹用好就业补助资金和其他稳就业、保就业的资金，保障灵活就业扶持政策落实。各有关部门要同向发力、分工合作，坚持问题导向，完善政策措施，共同破解工作难题。（各有关部门、单位和地方各级人民政府按职责分工负责）

（十三）加强激励督导。各地区各有关部门要加强督促检查和政策实施情况评估，狠抓政策落实，简化手续，提高效率，确保灵活就业人员便捷享受各项支持政策和就业创业服务。将支持多渠道灵活就业有关工作纳入文明城市创建和测评内容。对灵活就业政策落实好、发展环境优、工作成效显著的城市，优先纳入创业型城市创建范围。（中央文明办、人力资源社会保障部和地方各级人民政府按职责分工负责）

（十四）注重舆论引导。充分利用各种宣传渠道和媒介，大力宣传支持灵活就业的政策措施和典型做法，宣传自主就业创业和灵活就业的典型事迹。建立舆情监测和处置机制，积极主动回应社会关切，营造良好舆论氛围。（各有关部门、单位和地方各级人民政府按职责分工负责）

国务院办公厅（章）

2020年7月28日

第二节 函

一、函的概念

函是"适用于不相隶属机关之间商洽工作、询问和答复问题、请求批准和答复审批事项"的公文，属于平行文。

所谓"不相隶属机关"，是指在行政组织系统中没有上下级关系的机关。应该说明的是，向有隶属关系的上级请求批准事项要用"请示"，而向无隶属关系的主管部门请求批准事项要用"函"。因此，本机关有事项需要请批时，先应该搞清楚发文机关和受文机关之间的关系，然后确定应采用的文种。

二、函的特点

1. 使用的宽泛性

在公文活动中，各机关广泛使用函来沟通信息、商洽事项、联系公务，函是各机关使用频率最高的公文之一。

2. 内容的非强制性

函的主要功能是商洽、询问某一事项，属于平行文。因此，函的内容不带强制性。即使在某些函里一方对另一方有所要求，也是商量性质的要求。

3. 写法的灵活性

函的内容一般比较单一，篇幅短小，但写法灵活多样。不同类型的函，在内容侧重点、语气等方面都不尽相同。

三、函的类型

按照行文方向，函可以分为去函和复函；按照内容和功用，函可以分为商洽函、问答函和请批、批答函三类。

1. 商洽函

用于不相隶属机关之间商洽、沟通、协调某一问题或某项工作。

2. 问答函

用于不相隶属机关之间就某一问题或工作进行询问或答复，去函为问，复函为答。

3. 请批、批答函

请批、批答函是请批函和批答函的合称。请批函是向不相隶属的主管机关请求批准事项时使用的函；批答函是不相隶属的主管机关批答请批事项时使用的函。

四、函的结构与写法

函一般由标题、主送机关、正文、署名和成文日期五个部分组成。

1. 标题

函的标题主要有以下三种形式：

（1）发文机关＋事由＋文种，如《天津市人民政府办公厅关于同意保定地区设立驻天津办事处的复函》。

（2）事由＋文种，如《关于批准录用×××等24名同志为国家公务员的函》。

（3）发文机关＋事由＋去函机关＋文种，如《国家标准化管理委员会对修改和补充洗衣粉包装箱国际标准给商务部的复函》。

2. 主送机关

即文件的受文机关，应标注全称或规范化简称。

3. 正文

不同类型的函写法也不尽相同。就正文而言，其结构主要由发文缘由、事项和尾语三部分组成。

（1）发文缘由。如果是去函（不论是商洽函还是询问函或审批函），应说明发函原因、依据或背景等；如果是复函（不论是答复函还是批答函），应有引语，即引述对方函的标题或发文字号，表示收悉。

（2）事项。即商洽、询问答复或请批、批答的事项。

（3）尾语。不同类型的函有不同的尾语。商洽函的尾语常用"恳请协助""不知贵方意见如何，请函告""望协助办理，盼复"等；询问函的尾语常用"请予函复""盼复"；请批函的尾语常用"请审查批准""当否，请审批"等；答复函、批答函的尾语常用"特此函复""特此函告"等。

4. 署名

正文右下方标注发文机关名称。

5. 成文日期

置于发文机关名称之下。

五、函的写作要求

1. 用语平和，措辞诚恳有礼，绝不可盛气凌人。
2. 直陈事项，言简意赅，以利于对方处理答复，忌烦冗、客套。

六、例文

【例一】

××省人民政府办公厅关于商请办理直通香港运输车辆有关牌证的函

××省人民政府办公厅：

　　××省人民政府同意国营××农场与香港××陆运公司合作经营××直通运输公司，经营往返香港的进出口物资运输业务。为有利于开展正常的业务活动，请协助办理该公司直通香港的100部各类运输车辆在贵省境内行驶的有关牌证。

　　盼函复。

××省人民政府办公厅（章）
××××年×月×日

【例二】

教育部关于同意湖南软件职业学院升格为本科层次职业学校的函

教发函〔2020〕43号

湖南省人民政府：

　　《湖南省人民政府关于申报2019年度本科学校设置有关事项的函》（湘政函〔2019〕83号）收悉。

　　经研究，同意湖南软件职业学院升格为本科层次职业学校，学校名称暂定为"湖南软件职业学院（本科）"，学校标识码为4143013925，开展本科层次职业教育试点。

　　请你省指导该校明确办学定位和发展方向，在师资队伍、实训课程、专业教学、技能培训等方面进一步完善提高，保持职业教育属性和特色，坚持培养高层次技术技能型人才的定位,并于 2020 年 12 月底组织对该校进行测评指导后,将测评报告于 2021 年 1 月 10 日前报送我部。我部将据此批准更名为"湖南软件职业大学",并做好后续跟踪指导工作。

教育部(章)
2020 年 6 月 29 日

【例三】

国务院办公厅关于同意建立大运河文化保护传承利用工作省部际联席
会议制度的函
国办函〔2019〕51 号

国家发展改革委:

你委关于建立大运河文化保护传承利用工作省部际联席会议制度的请示收悉。经国务院同意,现函复如下:

国务院同意建立由国家发展改革委牵头的大运河文化保护传承利用工作省部际联席会议制度。联席会议不刻制印章,不正式行文,请按照国务院有关文件精神认真组织开展工作。

附件:大运河文化保护传承利用工作省部际联席会议制度

国务院办公厅(章)
2019 年 6 月 14 日

第三节 纪要

一、纪要的概念

纪要是"适用于记载会议主要情况和议定事项"的公文。纪要要根据会议记录和相关会议文件,对会议的基本情况、主要精神、决定事项进行综合、提炼、概括。纪要适用于一些大中型的、比较重要的会议。

二、纪要的特点

1. 纪实性

纪要是对会议主要情况及与会成员所达成共识的记载和反映,这种记载和反映必须是真实的、客观的，绝不能断章取义、无中生有。

2. 提要性

纪要不是对会议过程简单机械的记录，纪要必须精其髓、概其要，以极为简洁精练的文字高度概括会议的内容和结论。纪要与会议记录的本质区别就在一个"要"字。

3. 指导性

纪要记载的是会议议定的事项。纪要一经下发，就要求相关单位和群体遵守执行，不得违背。

三、纪要的类型

按照不同的标准可以对纪要进行不同的分类。

根据会议的主要内容和类型，纪要可以分为办公会议纪要、座谈会议纪要、联席会议纪要、现场会议纪要、研讨会议纪要等。

根据纪要的性质与功用，可以把纪要分为情况会议纪要和决议性会议纪要。

1. 情况会议纪要

情况会议纪要用于记载会议情况，以供与会机关及相关单位了解会议议程、议题、会议精神等。其意重在传递会议信息、通报会议情况，以利于各机关的联系与沟通。

2. 决议性会议纪要

决议性会议纪要用于记载会议议定的事项、会议形成的决定性结论、意见。其意在于指导下级机关贯彻执行会议通过的决定意见，以便更好地开展相关工作。

四、纪要的结构与写法

纪要一般由标题、成文日期和正文三部分构成。

（一）标题

纪要的标题形式有单标题和双标题两类。

1. 单标题

即公文式标题，该标题有以下三种形式：

（1）会议名称＋文种，如《××市高招工作会议纪要》。

（2）事由＋文种，如《关于研究黑龙江省三江平原农业开发问题的会议纪要》。

（3）发文机关＋事由＋文种，如《最高人民法院关于审查毒品犯罪案件工作会议纪要》。

2. 双标题

即正副标题形式，正标题往往概括会议内容或精神，副标题表明会议名称和文种，如《穷追猛打，除恶务尽——××市扫黄打黑工作会议纪要》。

（二）成文日期

纪要的成文日期有两种写法：一是置于标题下，加小括号居中排布；二是置于正文下方，居右排布。

（三）正文

纪要的正文一般由会议概况、会议内容和结尾三部分组成。

1. 会议概况

纪要的开头一般简要介绍会议概况，包括会议名称、会议时间与地点、参加会议的人员、主持人、主要议程议题等，有的纪要还介绍召开会议的目的和背景；有的纪要阐述会议意义、对会议的评价等。

2. 会议内容

这部分是会议纪要的重点和主体，主要写会议研究的问题、讨论的事项、做出的决定及贯彻会议精神所应采取的办法、措施等。

主体部分的结构安排有多种形式，可以以惯用语切分段落结构。纪要常用的惯用语有"会议听取了""会议讨论了""会议认为""会议指出""会议通过了""会议决定""会议号召"等，还可以按会议进程安排结构，也可以将会议内容分成几个方面逐一说明。不论采用哪种结构方式，都要内容明晰、表述有序。

3. 结尾

纪要的结尾或用一小段总括全文，提出希望或发出号召；或对会议做出评价，向会议主办单位致谢；或事尽文止，不再另写结尾。

五、纪要的写作要求

1. 纪要要真实准确地反映会议的基本情况和主要精神

纪要撰写者不能凭借主观愿望或领导意志随意增减和更改内容；也不能断章

取义，曲解甚至篡改与会者的观点，任何不真实的材料都不得写进会议纪要。

2. 纪要必须摘其"要"而记

撰写纪要要抓住会议中心议题，突出会议最重要的内容。纪要必须是会议宗旨、基本精神和所议定事项的概要纪实。

3. 条理清晰，层次分明

纪要内容丰富，最忌层次不清，使人不得要领。因此，纪要撰写者要精心安排纪要结构，使之条理清晰、层次分明。

六、纪要与会议记录的区别和联系

1. 纪要要在会议记录的基础上产生。
2. 纪要是对会议记录的归纳和概括。
3. 纪要是行政公文，会议记录是事务文书。

七、例文

【例一】

全国拥军优属拥政爱民工作会议纪要

(××××年×月×日)

经国务院、中央军委批准，全国拥军优属拥政爱民工作领导小组（以下简称全国双拥工作领导小组）、民政部、总政治部于××××年×月，在北京召开了全国拥军优属拥政爱民工作会议。会议总结交流了今年全国双拥工作的经验，研究部署了当前和今后一个时期的双拥工作任务，命名表彰了双拥模范城（县）、双拥模范单位和个人。北京市人民政府、山东省人民政府、空军等军地单位在会上介绍了做好新形势下双拥工作的经验。全国双拥工作领导小组全体成员，各省、自治区、直辖市双拥工作领导小组负责同志，解放军和武警部队领导，双拥模范城（县）、双拥模范单位和个人代表等600余人出席了会议。

会议指出，拥军优属、拥政爱民，是在中国共产党领导下我国亿万军民的伟大创造，是我党我军我国人民的优良传统和特有的政治优势。我党始终高度重视双拥工作，明确指出要加强国防教育，增强全民国防观念，广泛深入开展双拥共建活动，加强军政军民团结，形成国防建设和经济建设相互促进、协调发展的机制。多年来，在党的军政军民团结思想理论指引下，双拥工作在继承优良传统的基础上创新发展，取得了历史性成就。以爱国主义为核心的国防教育深入人心，军民共建和创建双拥模范城（县）活动蓬勃开展，双拥政策法规制度不断完善，军地相互支持与协作更加有力。双拥工作所形成的坚强的军政军民团结，在关系国家主权、安全和统一的重大事件面前，在抗御洪水、地震、森林大火等严重自然灾害的紧急关键时刻，在推进改革开放和现代化建设的伟大事业中，发挥了极其重要的作用。

会议强调，进入新世纪新阶段，我们正在全面建设小康社会，完善社会主义市场经济体制，推进中国特色军事变革，现代化建设的任务更加光荣而艰巨。这既为双拥工作提供了新的发展机遇，也对双拥工作提出了更高的标准和要求。双拥工作要始终坚持以习近平新时代中国特色社会主义思想为指导，紧紧围绕全面建设小康社会，以增强经济实力、国防实力和民族凝聚力为目标，以维护社会稳定、促进经济发展、推进军队现代化建设为重点，完善政策法规体系，创新群众性活动方式，建立协调顺畅的运行机制，与时俱进抓好各项任务的落实，巩固和发展军政军民团结，为国家改革发展稳定和军队现代化建设提供可靠有力的保障。

一、充分认识新形势下加强军政军民团结的极端重要性（略）

二、深入进行以爱国主义为核心的国防教育和双拥宣传教育（略）

三、围绕实现全面建设小康社会目标加强军地协作（略）

四、适应中国特色军事变革做好支持军队建设工作（略）

五、切实把维护社会稳定作为双拥工作重要任务（略）

六、认真抓好拥军优抚安置政策的落实（略）

七、以改革创新的精神推进双拥工作深入发展（略）

八、进一步加强双拥工作的组织领导（略）

双拥工作是一项社会工程，各地区、各有关部门和部队领导机关要高度重视，把双拥工作纳入经济社会发展和部队建设总体规划，摆上重要议事日程，经常分析形势，研究解决重大问题；主要领导对双拥工作要常议常抓，并带头参加双拥活动。各级双拥工作领导小组要认真履行组织、协调、指导双拥工作的职责，领导小组成员单位要结合担负的双拥任务，完善政策规定，抓好工作落实。建立领导小组成员单位报告工作制度，增强履行双拥工作职责的意识。关心、重视和支持各级双拥办建设，配齐配强干部，落实办公经费，完善军地合署办公制度。军地双拥工作职能部门要积极为党政军领导当好参谋，积极主动做好双拥工作。各战区系统要组织协调当地驻军同政府、人民群众之间的联系,做好驻军拥政爱民活动的协调工作。要发扬求真务实的精神,加强对基层双拥工作的指导,建立领导干部双拥联系点制度,推动双拥工作广泛开展和各项任务的落实。

(有删改)

【例二】

关于协调解决沙面大街56号首层房屋使用权问题的会议纪要

第××号

××××年2月2日上午,市政府办公厅×主任主持召开会议,协调解决沙面大街56号首层房屋使用权问题。参加会议的有省政府办公厅交际处、广东胜利宾馆、市商委、市国土房管局、二商局、市外轮供应公司等有关部门的负责同志。

会议认为,沙面大街56号首层房屋使用权的问题,是在过去计划经济和行政决定下形成的历史遗留问题。早几年曾多次协调,虽有进展,但未有结果。最近,按照省、市领导同志"向前看""了却这笔历史旧账"的批示精神,在办公厅的协调下,双方本着尊重历史、面对现实、互谅互让的原则,合情合理地提出解决这宗矛盾的方案。

经过协商、讨论,双方达成了一致的认识。会议决定如下事项:

一、市外轮供应公司应将沙面大街56号房屋的使用权交给胜利宾馆。

二、考虑到市外轮供应公司在56号经营了30多年,已投入了不少资金,退出后,办公地暂时难以解决,决定给予其商品损耗费、固定资产投资和搬迁费等一次性补偿费用共95万元。其中省政府办公厅和广东胜利宾馆负责80万元;考虑到省政府领导曾多次过问此事和省、市关系,另15万元由广州市政府支持补助。

三、省政府办公厅和胜利宾馆的补偿款于××××年2月7日前划拨给市外轮供应公司。市政府的补助款于3月5日左右划拨,市外轮供应公司应于2月15日开始搬迁,2月20日前搬迁完毕并移交钥匙。

四、市外轮供应公司原搭建的楼阁按房管部门规定不能拆迁。空调器和电话等2月20日前搬迁不了的,由胜利宾馆协助做好善后工作。

会议强调,双方在房屋使用权移交中要各自做好本单位干部群众的工作,团结协作,增进友谊,保证移交工作顺利进行。

第三篇　事务文书

第六章 日常事务文书（一）

第一节 计划

一、计划的概念

计划是机关单位或个人为完成某一工作任务、达到某一预定的目标而事先作的安排与打算。

"凡事预则立，不预则废。"要想做成一件事情，事先就要有所准备、有所安排，正如古人所言："计者，所以定事也。"制订计划可以减少工作的盲目性，提高工作效率，取得事半功倍的效果；有了计划也便于检查、督促工作，对于潜在问题及早防范。

二、计划的特点

1. 预见性

计划是某项工作尚未开展时的预先构想，因此计划必须有预见性。计划的制订者在制订计划时一定要对客观实际进行细致的分析，预见可能发生的问题、可能出现的情况，并制定拟采取的对策、办法。

2. 可行性

计划的可行性是指计划预定的工作目标要通过努力可以达到。目标过高，计划不能完成，会挫伤人们的工作积极性；目标过低，又不能调动大家的积极性和创造力。计划的可行性还表现在为实现目标而制订的方法措施要切实可行，符合现有的主客观条件。

3. 约束性

计划是决策的产物，计划一旦制订、通过，就要遵照执行。尤其是上级下达的指令性计划，更要严格遵守、认真执行。个人制订的学习计划、工作计划，也要有约束力，否则就失去了制订计划的意义。

三、计划的类型

根据不同的标准，从不同的角度，可以对计划进行不同的分类。

1. 按内容分，有工作计划、生产计划和学习计划等。

2. 按时间跨度分，有长期计划、年度计划、季度计划、月份计划和周计划等。

3. 按范围分，有国家计划、省（市）计划、地区计划、单位计划、部门计划和个人计划等。

4. 按性质分，有综合计划和专题计划。

5. 按形式分，有条文式计划、表格式计划和条文表格结合式计划。

计划是个统称，根据计划内容的详略、目标远近、适用时间的长短，计划还有下列不同的名称。

一是规划。规划是时间跨度长、范围广、带有全局性、内容较为概括的计划。

二是纲要。纲要和规划相同的是，都是各级领导机关为实现总体目标作出的长远部署，但比规划更为原则和概括，有较强的政策性和指导性。

三是方案。方案是为做好某项工作而事先设计的工作方法与步骤，有很强的可操作性。

四是设想。设想是关于某项工作的一种不成熟的、非正式性的计划。

五是打算。打算是一种近期要做、内容不多、范围不大的粗略计划。

六是安排。安排是针对较短时期内（周、月等）工作所作的计划。这类计划范围小、时间短、内容单一、布置具体。

四、计划的结构与写法

计划一般由标题、正文、署名和成文时间四部分组成。

1. 标题

计划的标题主要有以下三种形式：

（1）制发机关＋时间＋事由＋文种，如《××大学2020年招生计划》。有的计划在标题尾部加括号，注明草案、初稿、征求意见稿、讨论稿等。

（2）时间＋事由＋文种，如《2020年共青团工作计划》。

（3）事由＋文种，如《销售工作计划》《幼儿园工作计划》等。

2. 正文

计划的正文一般由前言、主体和结尾三部分构成。

（1）前言

前言简要说明制订计划的背景、依据、目的、意义、指导思想等，常以"特制订本计划如下"过渡到主体部分。

（2）主体

主体部分主要写明工作目标与任务、拟采取的方法与措施、步骤与时间安排等内容。如果说前言部分回答了"为什么做"的问题，那主体部分要回答"做什么""怎么做""何时做"的问题。形式上，可采用分条列项的方式，也可借助表格把内容说清楚。

①目标与任务。即计划要完成的工作总目标和基本任务，以及目标任务的数量和质量指标。必要时，要将各项指标定质、定量分解，以求目标具体化、明确化。这一部分主要回答"做什么"的问题。

②方法与措施。即为完成目标任务拟采取的具体方法、措施、人力物力财力的安排、可能遇到的问题困难及解决问题的办法等。这是计划实现的保证，回答的是"怎么做"的问题，要努力做到措施得力、切实可行。

③步骤与时间安排。即施行计划、实现目标需分成几个步骤，到什么时间完成哪些工作任务等，回答的是"何时做"的问题。

（3）结尾

计划的结尾一般是对全文的总结，表明完成计划的决心，也可以是提出希望、发出号召，强调计划的要点、工作的关键环节、明确执行要求、说明注意事项等。有的计划在主体部分结束后自然收尾，这部分省略不写。

3. 署名

在正文右下方写明制订计划的单位的规范名称。

4. 成文时间

在署名下一行写明计划制订的时间。

五、计划的写作要求

1. 计划的内容要符合国家的政策法规

制订计划必须认真领会党和国家的方针政策，计划的内容不能和国家的政策法规相抵触，避免偏离方向。

2. 科学分析，切实可行

制订计划前，要广泛听取群众意见，认真考察多方面的因素，实事求是地研究主客观条件，使计划建立在科学分析的基础上。预定任务既不保守，也不盲目。这样才能激发本单位职工的积极性，使大家能同心同德，顺利完成预定计划。

3. 步骤明确，措施得当

计划既要能运筹全局，又要能分工落实。订计划，要群策群力，把步骤和措施考虑周详，写得明确具体，以便于落实执行，有利于督导检查。

4. 结构严谨，条理分明

计划要体现理性思维的特征，要有严谨的结构和鲜明的条理性，让人看得清、记得住，反对"眉毛胡子一把抓"的写法。

六、例文

【例一】

共青团××厂委员会 2019 年度工作计划

2019年，我厂共青团将继续坚持以习近平新时代中国特色社会主义思想和党的十九大精神为指导，团结带领全厂团员青年做好本职工作。为此，现结合我厂2019年工作目标，特制订本计划如下：

一、工作目标

1. 坚持党建带团建，夯实团的基础建设。要围绕党建带团建的要求，以围绕企业建设开展的一系列创建活动为载体，努力建立完善企业共青团的组织体系，加强和规范基层团组织的管理，健全和完善各项制度，为团的各项工作的开展打下坚实的组织基础。

2. 加强团员青年的思想政治教育。以习近平新时代中国特色社会主义思想为指导，引导团员青年牢固树立崇高理想和正确的世界观、人生观和价值观，着眼于企业的长远发展，着力提高团员青年的整体素质，培育一支"四有"团员青年队伍。

3. 开展团员青年业余党校活动。在对团员青年进行思想政治教育的同时，结合辩论会、听优秀党员报告、参加社会实践活动等，使团员青年深入地了解党，真正把团员青年凝聚到党组织周围。

4. 结合重要纪念日开展爱国主义、集体主义教育活动。利用学雷锋活动日、五四青年节、七一党的生日等重要纪念日，开展教育活动。与此同时，充分利用团会、黑板报对团员青年进行行为规范教育。

二、具体安排

(一)3月份

1.大力宣传雷锋精神，把学雷锋活动与厂风建设相结合，培养团员青年高尚的道德规范。

2.围绕"学雷锋、树新风"主题出一期黑板报。

3.召开主题为"学雷锋——从我做起，从小事做起"的团会。

4.开展"让厂区更美丽"团员青年志愿者活动，清扫厂内卫生。

(二)4月份

1.召开主题为"祭英烈、铸忠魂"的团会。

2.组织团员青年到革命纪念地、烈士陵园等地进行扫墓活动。

3.五四青年节筹划工作。

(三)5月份

1.召开以"开拓创新、积极奋进、谱写青春诗篇"为主题的大型团会。

2.围绕五四爱国运动出一期黑板报。

3.举办五四青年节欢庆会。

(四)6月份

1.举办"放飞梦想"文化周活动，开展形式多样的文体娱乐活动，丰富团员青年的生活。

2.结合厂情，开展"爱厂爱岗"征文活动。

(五)7月份

1.开展"党在我心中"主题团会。

2.进行中国共产党党史学习。

(六)10月份

1.开展庆十一主题团会。

2.以"忆往昔、看今朝，欢欢喜喜庆十一"为题出一期黑板报。

(七)12月份

1.团总支工作总结、考核。

2.制订2020年工作计划。

共青团××厂委员会
2019年1月

【例二】

××学院鲁迅文学社2019—2020 学年第一学期活动计划

为贯彻学校加强素质教育，丰富校园生活，大力开展艺术学科小组活动的精神，我文学社特制订2019—2020学年第一学期活动计划。

一、目标

1. 通过各项活动，激发社员对文学艺术的兴趣，提高文学鉴赏水平，培养社员的文学创作能力。

2. 读书、实践、练笔三结合，本学期举办文学作品欣赏活动两次、文学创作讲座一次、笔会一次。

3. 继续办好文学期刊《小草》。

4. 向校刊提供稿件15篇。

二、措施

1. 重新选举文学社社委，社委由3名增至5名。

2. 继续做好聘请指导老师的工作，除中文系2名老师外，拟聘请历史系××教授做我社顾问。

3. 加强与兄弟院校文学社的交流。10月中旬，与××大学文学社举行一次联谊活动。

4. 争取院团委、学生会的支持，解决部分经费问题，为独立开展活动创造条件。

5. 本学期期末评选优秀社员，并给予适当奖励。

××学院鲁迅文学社
2019年9月1日

第二节　总结

一、总结的概念

总结是单位或个人对过去一个时期内的工作、学习或思想进行回顾、分析，找出成绩与问题、经验与教训，并从中得出规律性的认识以指导今后工作的一种事务文书。

总结是积累经验、掌握规律的重要手段和可靠途径，可以对今后工作提供有益的指导和借鉴；总结能帮助我们从错误和失败中吸取教训，避免今后工作中再犯同样的错误；总结还可以起到交流信息、推广经验的作用。总之，"前事不忘，后事之师"，只有不断总结、善于总结，才能不断进步。

二、总结的特点

1. 客观性

总结是对过去的事情进行回顾、分析，因此它必须以客观事实为依据，实事求是，既不应言过其实，沽名钓誉；也不能文过饰非，隐瞒不足。如此，才能实现总结的真正目的，体现总结应有的价值。

2. 指导性

总结是对过去一段时间工作学习的回顾与思考，通过总结肯定成绩、找出不足、把握规律，其目的在于更好地指导今后的工作和学习。

3. 概括性

总结不应是对工作、学习内容的简单复述和罗列，而应是人们对客观事物规律性认识的反映。要通过对现象的分析、总结，提炼概括事物的本质和规律，实现从感性认识到理性认识的飞跃。

三、总结的类型

根据不同的标准，从不同的角度，可对总结进行不同的分类。

1. 按内容分，有生产总结、工作总结、思想总结和学习总结等。
2. 按时间分，有年度总结、季度总结和月份总结等。
3. 按范围分，有单位总结、部门总结、班组总结和个人总结等。
4. 按性质分，有综合总结、专题总结等。综合总结是对本单位、本部门过去一定时期内所做各项工作的全面总结；专题总结是对过去一定时期内某一方面工作的总结。

四、总结的结构与写法

总结一般由标题、正文和落款三个部分组成。

1. 标题

总结的标题主要有以下三种形式：

（1）公文式标题：由单位名称＋时间＋事由＋文种构成，如《××县工商局2019年度工作总结》。

（2）文章式标题：用简练的语言概括总结的主要内容或基本观点，如《加强作风建设提升工作效能》。

（3）正副标题式：正标题为文章式标题，点明总结的主要内容或揭示主旨；副标题为公文式标题，补充说明单位、时限、工作内容等，如《抓管理　增效益——××厂2019年工作总结》。

2. 正文

总结的正文一般由前言、主体和结尾三部分构成。

（1）前言

这一部分要求简明扼要地叙述工作的基本情况，如工作开展的依据、背景、主客观条件、总结的时间范围、主要内容、取得的成绩、对工作情况的基本评价等。

（2）主体

主体部分是总结的核心，要重点说明主要成绩和存在的问题两方面的内容。如做了哪些工作、采取了哪些行之有效的工作方法和措施、取得了哪些成绩；工作中存在哪些不足与问题、有哪些失误，以及出现问题和失误的原因等。

这部分由于内容较多、篇幅较长，因而在写作时要注意层次分明、条理清楚。这部分的结构形式主要有三种：一是纵式结构，即按照工作过程安排写作结构；二是横式结构，即把工作内容分成若干方面，一一进行总结阐述；三是纵横交叉式结构。即可以整体是纵式结构，局部是横式结构；也可以是整体采用横式结构，局部采用纵式结构。如先按时间顺序把工作分成若干阶段，再把每一阶段的工作内容分成若干方面来写。

（3）结尾

简要说明今后的工作设想和努力方向，起到激励斗志的作用。如果主体部分内容已经很完备，结尾也可省略。

3. 落款

在正文右下方署单位名称和成文日期。如果标题中有单位名称，落款部分只写成文日期即可。

五、总结与计划的区别

1. 计划是在工作前制订，而总结是在计划执行一段时间或完成之后进行。
2. 计划是工作的蓝图，总结是对计划实践的检验。
3. 计划要阐明的问题是做什么、怎样做、何时做；而总结要阐明的问题是做了什么、做了多少、做得怎样。

六、总结的写作要求

1. 点面结合，重点突出

写总结不能事无巨细、不分主次，像记流水账一样，而要在照应全局的基础上，突出重点，做到点面结合。写"面"时，概括简练；写"点"时，事例典型而具体，有说服力。

2. 实事求是，一分为二

写总结必须从本单位、本部门的实际情况出发，坚持实事求是、一分为二的原则，既不夸大成绩，也不隐瞒不足。

3. 事理结合，找出规律

总结要做到有"事"有"理"，事理结合。"事"，即事实，用事例、数据、统计资料把所做的工作及取得的成绩充分反映出来；"理"就是要在"事"的基础上，进行分析、归纳、概括，从中找出规律性的东西。这样的总结对今后的工作才有指导意义。

七、例文

【例一】

××市教育局"不忘初心、牢记使命"主题教育活动总结

自中央组织开展"不忘初心、牢记使命"主题教育活动以来，我局认真贯彻中央和市委部署，深入发动，精心组织，周密安排，结合教育局工作实际，扎实开展多种形式的教育活动，较好地完成了学习动员阶段各项目标任务并取得了阶段性成果。现将我局学习动员阶段工作总结如下：

一、主要做法

（一）提高认识，加强对"不忘初心、牢记使命"主题教育活动的组织领导

为保证活动的顺利开展，我局专门成立了"不忘初心、牢记使命"主题教育活动领导小组，下设办公室，由局办公室具体承担教育活动的安排、落实、调度、督查、考核等工作。强化活动领导责任，主要负责人是抓教育活动的第一责任人，分管领导是直接责任人，科室负责人负责各项活动的落实，形成了一把手负总责、一级抓一级、层层抓落实的工作格局。同时按照市委的统一要求，结合部门实际，制定了本局活动开展方案。

（二）强化措施，健全"不忘初心、牢记使命"主题教育活动制度（略）

（三）创新形式，提高"不忘初心、牢记使命"主题教育活动实效（略）

（四）立足本职，深入开展主题实践活动（略）

（五）认真做好"回头看"与检查测评工作（略）

二、活动成效

一是党员干部素质进一步提高。我局始终把学习实践习近平新时代中国特色社会主义思想作为主线，深刻领会精神实质，强化思想教育，使党员干部的理论水平、党性观念、能力素质等各方面都有了很大的提高。

二是党支部的战斗堡垒作用进一步发挥。局党支部在学习教育活动中，组织管理能力得到了很大提高，党的凝聚力、向心力、战斗力得到进一步增强，战斗堡垒作用进一步发挥。

三是服务意识进一步增强。把群众满意作为活动的根本标准，通过集中学习，开展主题实践活动，党员全心全意为人民服务的宗旨观念进一步增强，作风进一步改进，立足部门和岗位实际，服务意识得到进一步增强。

四是促进了各项工作更好地开展。我局坚持把教育活动与当前工作紧密结合，做到双赢双促进。教育活动的开展振奋了精神，鼓舞了士气，使各项工作取得了新进展。

三、存在的问题

对照中央和市委的要求，我局"不忘初心、牢记使命"主题教育活动中还存在一些不足：

一是通过学习，广大党员干部在理论水平与能力素质方面有了较大程度的提高，但提高幅度、效果还不够均衡。

二是为民服务的长效机制还需进一步健全完善。

在下一步的工作中，我们将继续健全完善各项活动有效机制，针对存在的问题和不足，制定有针对性的解决措施，按照中央和市委要求，高标准、高质量地完成第二、第三阶段的各项工作任务，促进各项工作再上一个新台阶。

××市教育局
××××年×月×日

【例二】

抓住五个环节　开展丰富多彩的爱国主义教育活动

爱国主义教育是高等学校教育体系的重要组成部分。培养学生对祖国的认识与情感，把他们的爱国热情引导到"努力学习，立志成才，报效祖国"的根本任务上来，是高校实现教育目的的最终体现。几年来，我院坚持把爱国主义教育作为对大学生进行思想教育的一条主线贯穿于教育的全过程，紧紧抓住"以认识启发思路，以制度保证持久，以环境创造氛围，以活动激发热情，以实践培养情操"这五个主要环节，针对大学生的特点不失时机地开展丰富多彩的爱国主义教育活动，取得了明显的效果。我们的基本做法是：

一、在提高认识的基础上明确工作思路，力求把爱国主义教育工作提高到一个新的水平

对大学生进行爱国主义教育，是我院多年形成的一套传统做法。但对其重要性的认识，则是随着时代的发展和社会的需要逐步提高的。《爱国主义教育实施纲要》（以下简称《纲要》）下发之后，学院党委敏锐地意识到，这是一个具有深远意义的纲领性文件，为高校在新时期培养合格的建设者和跨世纪的优秀人才提供了可靠的依据。

学院党委认为，爱国主义作为一种文化传统和精神现象，对当代大学生有着无处不在的影响。当青年学生从具体、生动、形象的活动中获得强烈感受的时候，他们的人生观和价值观都会发生不同程度的变化，从而把对祖国的热爱之情上升为理性的信念，转化为具体的爱国行动。因此，爱国主义教育是培养大学生理想、信念和情操的一种极好的教育方式。我们根据学院的实际情况提出了明确的思路：

（一）爱国主义教育是一种情感教育，是在潜移默化中发挥功能的教育，因此要寓教于乐，避免形式主义，从内容到方法都要有新意，有吸引力。

（二）在校园内形成一定的声势，把分散的活动纳入爱国主义教育的轨道，对大学生起到一定的震撼作用。

（三）爱国主义教育与学生的日常管理相结合，既要激励学生把爱国之情升华为报国之举，又要培养他们爱国、爱校、爱集体、爱他人的优秀品质。

（四）结合学生特点，通过各种活动，加深学生对社会的理解，帮助他们树立从事医学工作的神圣感和救死扶伤的使命感。

（五）全院齐抓共管，对开展的各项活动，任何部门都有义不容辞的责任，都要积极配合。

二、把经验和做法用制度的形式固定下来，并不断充实新的内容，使爱国主义教育在规范化的轨道上保持长久的生命力。

过去，我院曾开展过多种形式的爱国主义教育活动，但这些活动以基层自发组织为主，随意性大，在校内造成的声势和影响较小。《纲要》下发后，我们感到仅靠基层组织的积极性是不够的，必须在全校范围建立一套完整的制度，才能保证爱国主义教育进一步向深度和广度发展。在院党委主持下，我们相继建立完善了一系列有关制度，如《关于加强我院德育工作的意见》《大学生德育考评标准》《最佳党日、团日评比标准》等。这些制度的建立，对我院深入持久地开展爱国主义教育活动提出了规范化的要求，把自发的、分散的活动固定下来，使所有学生普遍受到爱国主义教育的影响。

三、利用环境营造出浓郁的教育氛围，使大学生在日常生活中潜移默化地接受爱国主义的感染和熏陶（略）

四、以活动为载体，用真实生动、感人的教育激发大学生的爱国热情（略）

五、引导青年学生从身边做起、从小事做起，把爱国之情转化为实实在在的奉献行动（略）

××医学院
××××年×月×日

第三节　调查报告

一、调查报告的概念

调查报告是机关、部门、组织或个人，对某一事件、某一问题、某一现象或某种情况等做深入细致的调查、研究、分析后，完成的书面报告。

调查报告是现实生活和日常工作中常用的一种文体。它可以帮助人们了解客观事物的真相，深刻地认识社会、认识生活；它所反映的典型形象可以教育群众、宣传群众，帮助机关单位更好地开展工作；可以为政府制定方针、政策提供依据；还可以起到沟通信息、交流经验、提高认识的作用。

调查报告不同于公文中的"报告"。公文中的"报告"主要用于下级机关向上级机关汇报工作、反映情况或答复上级机关的询问，供主管领导部门指导工作时参考；调查报告不限于日常工作，凡与工作有关的重大事情、典型事件、经验或教训等带有普遍意义的问题，都可以用调查报告的形式予以反映。

二、调查报告的特点

1. 真实性

真实性是调查报告的重要特点，也是调查报告的首要条件。凡写进调查报告的内容都必须真实，严禁编造虚假材料，或采用道听途说得来的材料。为此，就必须先进行深入细致的采访与调查，获取大量的第一手真实材料，对于二手材料要认真地加以核实，这样才能保证调查报告得出的结论正确可靠。

2. 典型性

调查报告的典型性体现在两方面：一是调查报告所反映的情况或问题必须具有典型性，必须能反映一类事件、问题的共同特征；二是调查报告所采用的事实材料必须典型，要具有普遍性和代表性。如果只是偶然的个例，即使是真实的，也不具有说服力。

3. 针对性

调查报告是决策机关制定方针政策、做出决策的重要依据，因此，调查报告必须目的明确，有的放矢，针对某一情况、某一问题进行调查，提出有针对性的意见和建议，切实解决实际问题。

4. 时效性

不论是剖析社会现象，还是推广经验、揭露问题都要讲究时效性。调查要迅速，报告要及时，一旦"时过境迁"，调查报告就失去了它的指导作用，其社会效益也会大打折扣。

三、调查报告的类型

根据调查报告所反映的内容，可以把调查报告分为以下几类：

1. 反映情况的调查报告

这类调查报告反映的内容比较全面、广泛，可涉及政治、经济、文化、教育等重大情况，也可反映某地区、某行业、某单位的基本情况，它能为政府机关的决策提供资料依据，也有助于人们了解事实真相。

2. 推广经验的调查报告

这类调查报告着重介绍某一单位、部门做某项工作所取得的成绩和所采取的方法、措施，其目的是推广其成功经验，以便更多的单位、部门参考学习。应该注意的是，这类调查报告所推广的经验必须是具有代表意义的、先进的、正确的典型经验。

3. 揭露问题的调查报告

这类调查报告主要揭露群众反映强烈的社会问题，或造成严重后果的事件，并指出其危害，分析原因，以引起人们的注意，达到解决问题、教育群众、以此为鉴的目的。

4. 介绍新生事物的调查报告

这类调查报告主要及时反映社会生活中出现的新生事物，着重介绍新生事物产生的背景、特点，阐述其产生、发展、成长的过程，展示其巨大的生命力，说明其作用和时代意义。

四、调查报告的结构与写法

调查报告一般由标题、正文和落款三个部分组成。

1. 标题

调查报告的标题主要有以下三种形式：

（1）公文式标题：由事由和文种构成，如《关于大学生留学意向的调查》。

（2）文章式标题：即标题直接揭示调查报告的内容或主旨，如《永嘉假广告沉浮录》。

（3）正副标题式：正标题是文章式标题，点明调查报告的主旨、副标题采用公文式标题，补充说明调查内容、对象、地点、范围等，如《不要让子孙后代埋怨我们——关于河流污染情况的调查》。

2. 正文

调查报告的正文由前言、主体和结尾三部分构成。

（1）前言。前言在调查报告中起总领或引出全文的作用，要简明扼要地交代调查目的、组织者、对象、范围、时间、方法、主要内容和调查结论等。前言的写法灵活多样，常见的有以下几种主要形式：

①概述式：概述调查目的、意义、时间、地点、对象、范围、方法、主要内容、调查结论等。

②提问式：用设问的方式提出调查报告的主题，引起读者的关注。

③议论式：用议论的方式点明调查问题的重要性，揭示问题的实质、规律。

（2）主体。主体部分是调查报告的核心，其内容一般包括以下三个方面：

①报告调查所得。它是对调查材料的归纳、总结，要概括叙述通过调查了解到了什么，得出了什么结论，常常借助数字统计、表格等形式陈述调查内容，佐证调查结论。

②分析原因。如果说上一部分说明了事情是怎样的，这部分就要分析事情为什么是这样的，形成调查结论的主客观原因有哪些。原因分析要合乎逻辑，一般按从主到次的顺序排列。

③提出意见与建议。即要针对上面的原因分析，提出有价值的意见与建议，也就是要说明怎么办。

主体部分内容复杂，因此要做到条理清晰、层次分明，可根据内容需要灵活决定结构形式。比如，对重大事件的调查，宜采用纵式结构，按事情发生、发展的顺序写；推广典型经验的调查报告，则宜采用横式结构，把典型经验分成几个方面，一一介绍；也有的调查报告采用纵横交叉式的结构，如全文按事物的逻辑顺序（纵式）来写，局部则按横式结构，并列安排写作材料。

（3）结尾。调查报告的结尾写法多样，既可以概括全文、明确主旨，也可以提出问题、启发思考，还可以表达期望、发出呼吁。不论何种写法，都应简洁明确，给读者留下深刻、完整的印象。

3. 落款

调查报告作者的名字一般置于标题之下，通常不必标明成文时间。

五、调查报告的写作要求

1. 明确目的，认真做好调查的准备

调查之前要对自己的任务和目的做到心中有数，并根据调查目的拟出调查提纲、调查问卷，列出调查重点、进行调查的步骤和方法，以便有计划地、周密地进行调查。如果调查前不做准备或准备不充分，就不可能得到详尽的调查资料和数据，自然也就不能得出科学的调查结论。

2. 深入调查，科学分析

这是写好调查报告的前提。有的人调查走马观花、浮光掠影；有的人虽然占有了翔实的调查材料，但不能从中选择出反映事物发展规律或问题本质的典型材料，对材料的分析全凭主观臆断；甚至有的人闭门造车，根本不做调查。按这种方式完成的调查报告，不仅不能解决问题，还可能贻误解决问题的时机，误导相关部门做出错误的决策，造成不可挽回的损失。

3. 叙议结合，语言简洁、准确

叙议结合是调查报告表达上的重要特点，调查报告要以叙为主，以议为辅，叙是基础，议是提高。调查报告的语言要简洁、准确、通俗易懂，尽量避免使用专业术语。

六、例文

【例一】

关于企业对大学生能力要求的调查报告

随着我国经济的不断发展，整个社会对大学生的需求进一步扩大，对大学生的素质能力要求越来越高。为了解企业对当代大学生的能力要求及用人标准，以便改进教学，给广大在校大学生提供有价值的参考，使在校大学生能进行有针对性的职业生涯规划，××大学就业处于2019年9—12月，以信件和电邮的形式对73家企业进行了问卷调查。

一、调查结果

（一）企业认为目前大学生最需要学习的是分析解决问题的能力和专业知识。调查结果见下表：

调查项目	占比
专业知识	27.40%
人际交往能力	13.70%
分析解决问题的能力	56.16%
自己感兴趣的领域	2.74%

由上表可以看出，选择"分析解决问题的能力"的企业占了一半以上，其次是"专业知识"。结合企业对大学生的建议，我们可以看出，能够用自己的专业

知识去分析和解决问题，理论结合实际的人才，更受企业的青睐。

（二）企业对大学生英语过级的要求：大多数企业要求大学生英语过四级。调查结果见下表：

调查项目	占比
英语过四级	64.38%
英语过六级	27.40%
更高要求（如英语雅思、托福）	1.37%
不要求	6.85%

由上表我们不难发现，64.38%的企业要求大学生英语过四级，但是要求大学生英语过六级的企业也占到了被调查企业的近1/3，不排除以后英语六级取代英语四级，成为企业招聘的基本硬件要求。现在全球经济处于一个高度融合的时代，而企业，特别是大型企业想要做大做强就必须融入这个全球化的集体，这样的企业需要有国际化的人才；此外，我国正处于飞速发展的关键时刻，与国际交流的机会越来越多，而语言则是这一切进行的前提和基础。

企业对证书的看法：作为招聘时的参考依据，但不起绝对作用。调查结果见下表：

调查项目	占比
只需要几种核心证书	41.10%
证书数量越多越证明大学生的能力	5.48%
能力更重要，证书数量不能说明问题	53.42%

本次接受调查的53.42%的企业认为，能力更重要，证书数量多不能说明能力就一定强；41.10%的企业认为，只需持有几种核心证书就可以了；只有5.48%的企业将证书数量作为主要参考依据。因此，在校大学生对考证要有理性的态度，要结合自身专业实际情况，考取体现专业核心技能的证书。和考证相比，更重要的是要不断提高自己的综合能力。

（四）企业招聘时最看重的条件有：沟通能力、专业知识、毕业院校、学习能力。调查结果见下表：

调查项目	占比
毕业院校	43.84%
应聘者的容貌仪表	17.81%
沟通能力	75.34%

续表

调查项目	占比
专业知识	60.27%
组织能力	30.14%
学习能力	43.84%
创新能力	17.81%
外语水平	5.48%

分析调查数据，我们可以发现，企业对大学生的沟通能力要求愈来愈高了。同时，专业知识仍然是他们考虑的重点。除此以外，毕业院校、学习能力也是企业招聘时考虑的重要因素。我们可能无法改变自己的毕业院校，但是提高自己的沟通能力、努力学好专业知识，都可以成为我们的优势。

（五）企业对于专业不对口的应聘者：根据其学习态度，适当考虑。调查结果见下表：

调查项目	占比
不考虑	19.18%
主要看其态度和学习能力，适当考虑	80.82%

大学毕业，大家都希望找一个专业对口的工作，学以致用。但大学生就业是否一定要专业对口？如果专业不对口，怎么办？企业又是否会给专业不对口的应聘者提供机会？调查结果显示，只有19.18%的企业表示不会考虑专业不对口的应聘者，高达80.82%的企业愿意考察应聘者的态度和学习能力而做出适当考虑。因此，在毕业选择工作时，我们应该有充分的准备和适合的取向以及长远的打算。就业是对自己各方面的锻炼，不只是专业知识的实践，可以在就业的过程中，慢慢挖掘自身优势和适合自己发展的方向。

（六）企业对大学生担任社会工作和学生工作的看法：绝大多数企业认为担任社会工作和学生工作重要或非常重要。调查结果见下表：

调查项目	占比
非常重要	32.88%
重要	63.01%
无所谓	4.11%

在对企业的调查中，超过95%的企业认为社会工作是大学生活一个必不可

少的课题，其中 32.88% 的企业认为担任社会工作和学生干部非常重要。因此，大学生要积极参与社会工作，在社会工作中锻炼和提高自己的综合工作能力。

企业对大学生身体素质的要求：要有较好的身体素质。调查结果见下表：

调查项目	占比
有较好的身体素质	69.86%
无重大疾病即可	30.14%

在对企业的调查中，所有的企业都要求应聘者具有健康的身体，其中 69.86% 的企业要求应聘者具有较好的身体素质。所以，好好生活与学习之余也不要忘了锻炼身体，这是一切的基础。

企业认为目前大学生最欠缺的是：承受压力和克服困难的能力、吃苦耐劳的品质、相关工作的实践经验等。调查结果见下表：

调查项目	占比
解决基本问题的能力	6.85%
协调沟通的能力	5.48%
承受压力和克服困难的能力	43.84%
相关工作的实践经验	16.44%
吃苦耐劳的品质	26.03%
其他	1.37%

根据数据统计，我们可以看出，有 43.84% 的企业认为大学生目前最缺乏的是承受压力和克服困难的能力。也就是说，大学生在这一方面的能力还未得到广泛的认同。因此，在大学期间，我们应该想办法提高自己的抗压能力。遇到困难，要积极地想办法解决，而不能选择逃避。同时，缺乏吃苦耐劳的品质也成了 26.03% 的企业的选择。这提醒大学生应该在大学生活有限的时间里，注意培养不怕苦累的品质，以适应不同的工作环境。此外，应在不影响学业的情况下，增加相关工作的实践经验。

大学生在工作中暴露的最突出的问题是：急功近利、定位不明、华而不实等。调查结果见下表：

调查项目	占比
以高学历自居	6.85%
在工作中挑肥拣瘦	13.70%

续表

调查项目	占比
华而不实	28.77%
急功近利	16.44%
对工作缺乏热情	6.85%
定位不明	26.02%
其他	1.37%

在对大学生在工作中暴露出的最突出的问题进行调查时，有28.77%的企业认为大学生华而不实，也就是说大学生的工作能力和自身的学历不成正比。我们认为造成这种状况的原因主要有三点。第一，大学生在大学期间没有掌握必备的专业知识；第二，大学生缺乏理论联系实际的能力；第三，大学生做事不够成熟稳重。

此次调查中，还有26.02%的企业认为部分大学生定位不明，或自视甚高，高估自己在团队中的作用；或者怀疑自身的价值，对自己的决定持有不信任的态度。因此找准自己的定位，认清自身的价值，不论是在现在的生活还是在今后的工作中，都是至关重要的。关于大学生急功近利这一方面，主要还是因为部分大学生的工作态度不够严谨、踏实，在工作中挑肥拣瘦、对工作缺乏热情等，这些都是大学生应该反思的问题。

二、小结与建议

从此次调查结果可知，企业对大学生的要求是宽容的，也是苛刻的。企业并不要求大学生一入职就能胜任工作，但要求其能够很快适应岗位，这就要求大学生有很好的自我学习能力、沟通能力、团队协作能力等。因此，大学生要珍惜时间，明确自己的发展方向，制定具体科学的职业规划，努力学习专业技能，不断提高自己的综合素质，将自己培养成一个通用型、能力型人才。我们坚信，在人生的舞台上，只要努力付出，就一定会收获成功与幸福。

××大学就业处

2019年12月30日

【例二】

××××年中国职场心理健康调研报告

随着职场竞争压力的增大，人们不得不每天面对紧张的生活和工作环境。当这种压力超出个人应对能力时，就会严重影响人们的身心健康状况和工作状态。招聘网联手战略合作伙伴——中科院心理所组织与员工促进中心，共同发起职场心理健康调查，以了解当代工作人群的压力状况及来源，并进一步探讨此种压力状况对个体身心健康和工作状态的影响。

本次调研采取网络问卷的方式，共收集5609份有效数据。参与调查的主体人群是工作超过1年的职场人士，其中男性略多于女性。被调查人群不仅行业分布范围广，层次比例情况也符合金字塔结构，高层管理者较少，基层员工居多。在女性受调查人群中，未婚比例达到62.4%；而在男性受调查人群中，未婚比例达到了71.1%，职场未婚男士的比例远远超过未婚女士。

职场中坚力量身体状况堪忧

健康包括身体和心理两个方面，二者缺一不可。良好的身体是心智健康发展的基础，反过来，心理健康也会影响到身体健康。

调查人群中，身体不健康症状明显（中度以上）的人群占到了调查总数的1/3，说明职场人群仍然需要关注自身健康状况。其中，身体症状指数最高的是26~35岁群体。这个群体是职场人群的中坚力量，长期的忙碌和压力导致个人身体方面的症状也会比其他人群更多。而在31~35岁这个年龄段，依然处于普通员工级别的男性和处于高管级别的女性更易有较大的身体健康问题。从2012年度中国职场人平衡指数调研报告中可以看出，职场人一周用于日常休闲娱乐活动的时间，总共才20.493小时，占一周168小时的12.2%，而这些休闲时间中，更是以"宅"为主，真正用于体育锻炼的时间平均每周不到1小时，"宅"成为现代职场人的一个普遍状态，尤其是互联网及移动互联的盛行，人们的交际与娱乐更加集中在线上。

精神啃噬的元凶：影响心理健康的三大压力源

随着对健康认识的逐渐完善，人们对于自我的健康状态也越来越关注。人们逐渐认识到，个体的心理状况不仅决定了人的精神状态，还影响着人的身体健康，同时影响着人的工作和生活方式。平衡指数报告显示，职场人平衡指数的平均分仅为48.22，可见职场人的生活和工作已经严重失衡。

心理健康测量维度包括一般心理健康、抑郁和情绪耗竭三个方面，然而社会支持缺乏、工作风险、动力源匮乏这三大左右心理健康状况的职场压力源对以上提到的心理健康维度都产生了巨大影响：这几项的压力越大，心理健康水平越低，情绪耗竭和抑郁水平越高。

女性比男性心理更健康

通过调查分析发现，女性员工整体的身心健康水平均高于男性，男性在情绪耗竭和抑郁上表现出更多的问题。这与男性员工实际工作压力大、社会舆论压力大以及男性员工普遍不善倾诉和表达密不可分。

招聘人力资源专家警示：提升心理健康指数刻不容缓

总体而言，身心健康状态较好的人员群体主要集中于女性员工和36~40岁的中年员工；身心健康状态较差的人员群体主要集中于男性员工和26~30岁的年轻员工，最为堪忧的是26~30岁的男性管理者，身心健康状况最差，需要重点关注。

面对较大的压力，大部分人员都在寻找适合自己的解压方式，其中不乏借助咨询问诊来缓解个人压力者，中科院心理所的咨询专家也接待了不少因工作压力较大而求助的社会人员。

同时，企业也越来越重视心理健康对工作的影响。部分企业将心理健康测评结果作为员工心理档案的一部分，部分企业在通过招聘网进行社会招聘和校园招聘的过程中，将心理健康状况作为考察要素之一进行人员筛选。而对内部的员工，企业也会组织相关的培训、讲座、团体辅导、拓展等活动缓解压力。部分企业还结合自己的企业文化和企业管理，引入EAP咨询服务，多种方式融合，在促进雇员快乐工作、幸福生活的同时，帮助组织和谐发展，促进幸福企业建设与实践。

平衡指数报告指出，职场人更多的压力来自内心的感知，当生活的压力越来越大的时候，工作成为人们经济甚至精神的支撑，似乎"生活被工作殖民化"。而事实上，职场人是可以通过心理调节来抵抗这种工作对生活的殖民化，从而缓和职场压力。因此，招聘人力资源专家提醒职场人群要及时关注心理健康，合理安排工作与生活，放弃"宅"的状态。

第七章 日常事务文书（二）

第一节 会议记录

一、会议记录的概念

会议记录是记录会议基本情况和会议主要内容的应用文书。会议记录是关于会议的原始材料，它要求真实、全面地反映会议的本来面貌。会议记录一般用于比较重要的会议或正式的会议。

二、会议记录的类型

根据不同的标准，可以对会议记录做不同的分类。

1. 按照会议的性质，可以把会议记录分为办公会议记录、专题会议记录、联席（协调）会议记录和座谈会议记录等。

2. 按照记录的详略，可以把会议记录分为摘要会议记录和详细会议记录。摘要会议记录一般不记录每个人的发言，只摘要记录会议报告、会议讨论的问题、有分歧的意见、表决结果、会议通过的决议等。详细会议记录要详细完整记录会议报告、与会者的发言、会议进行情况等，与会议主题无关的内容可以不记录。

三、会议记录的作用

1. 依据作用

会议记录是反映会议内容的重要依据，也是编写会议纪要的依据。与会者在会后传达贯彻会议精神和决定是否准确，也要以会议记录为依据进行检验。

2. 素材作用

会议进行过程中连续编发的会议简报，以及会后制作的会议纪要，都要以会议记录为重要素材。可以说，会议记录是形成会议简报和会议纪要的基础。

3. 备忘作用

会议记录可以作为会议情况和会议内容的原始凭证。当有关会议的内容和情况需要核实时，可以查阅会议记录。作为档案资料，我们还可以通过会议记录了解一个单位或部门的历史进程和发展状况。

四、会议记录的结构与写法

会议记录一般由标题、会议基本情况、会议内容和署名四部分组成。

1. 标题

会议记录的标题一般由单位或部门名称、会议名称和文种组成，如《××学院2019—2020学年第一学期教学工作会议记录》。

2. 会议基本情况

包括会议名称、时间、地点、会议的出席人、缺席人、列席人、主持人、记录人等。

（1）时间：要写明年月日。

（2）地点：如"×× 会议室"等。

（3）出席人：一般需要写明主要人员的职务、姓名，如"党委书记×××""厂长×××"等。根据会议性质、规模和重要程度的不同，出席人一项的详略也会有所不同。有时可以只记录出席人的身份和人数，如"各院系党总支书记和直属党支部书记10人""各部门经理""全体与会代表"等。如果出席人身份复杂，如既有上级领导，又有本单位各部门的主要领导，还有各种有关人员，则将主要人员的职务、姓名一一列出，其他有关人员分类列出即可。

（4）缺席人：会议缺席人是指应该出席会议但因为各种原因没有出席会议的人。除写明缺席人的身份、姓名外，还要写明其缺席原因。

（5）列席人：会议列席人是指参加会议的享有发言权而没有表决权的非正式成员。应写明列席人的身份、姓名。

（6）主持人：写明会议主持人的职务、姓名。

（7）记录人：写明记录人的所在部门和姓名，如"记录人：办公室秘书××"。

在书写格式上，以上各项一般单独成行。有的单位有统一印制的会议记录用纸，在相应项目处填写相关内容即可。

3. 会议内容

这是会议记录的核心部分，一般按会议进程安排条理结构，需记录会议议题、会议议程、与会者发言和讨论情况、会议的表决情况、会议做出的决定和决议等。记录与会者发言情况时，要按发言的先后顺序做记录，先写明发言人名字，再记录其发言内容。对于比较重要的会议和重要的发言，要做详细记录，但重复的发言内容可略记；一般性会议可做摘要性记录，只记录会议要点和中心内容即可。不论什么性质的会议，如与会各方意见不一致时，必须如实记录分歧各方的发言。

4. 署名

主持人和记录人对会议记录认真核校后，分别署上自己的姓名，以示对记录内容负责。

五、会议记录的写作要求

1. 会议记录要真实、准确。无论是摘要记录，还是详细记录，都必须忠实于发言人的原意，不得断章取义，不得漏记、修改、篡改，不得添加记录者的观点、主张，尤其是重要问题或有分歧的意见必须如实记录。

2. 会议记录要及时整理，做到条理清晰、书写工整。

六、例文

××学校第×次办公会会议记录

时间：××××年×月×日

地点：行政楼第二会议室

出席人：校长李××、副校长王××、总务处长章××、财务处处长范××、校办室主任刘××、校办室秘书宋××及各系部处室主要负责人。

缺席人：副校长×××（出差）

主持人：校办室主任刘××

记录人：校办室秘书宋××

一、校长讲话（略）

二、会议报告

1. 总务处长章××报告学校基本建设进展情况。（略）

2. 主持人刘××传达省政府《关于压缩行政经费的通知》。（略）

三、发言讨论

在保证正常教学、科研等工作的前提下，我校如何按照省政府的通知精神压缩行政经费，抓好行政经费的合理开支，切实做到勤俭、节约、高效。

李××：……

王××：……

刘××：……

范××：……

章××：……

……

四、会议决议

1.各系部处室本周内组织本部门人员学习文件精神，提高认识、统一思想。

2.各系部处室根据通知精神，重新审查修订本年度行政经费开支预算，并将新预算在两周内报校长办公室。

3.各系部处室严格控制外出参加会议、学习的人数，外出须经主管校长签字批准，财务处严格审核相关开支情况。

主持人：×××（签名）

记录人：×××（签名）

第二节　简报

一、简报的概念

简报是机关、团体、企事业单位为沟通信息、反映情况、交流经验等而编发的一种应用文书。简报既可以上报，又可以下发，还可以在平行机关之间交流，因此，简报虽不属于国务院办公厅公布的通用行政公文，但在各类机关单位中的使用很广泛。

二、简报的特点

简报的特点可以用"简""快""新""真""连"几个字概括。

1. 简

为及时传递信息，简报在内容上要集中单一，语言上简明扼要，篇幅上短小精悍，写法上开门见山，直截了当。

2. 快

是指简报的编发要快捷，以便各方及时了解信息、掌握情况，取得指导工作的主动权。快是简报的生命，不能及时编发的简报，也就失去了其存在的价值。

3. 新

简报的内容，要有新意。简报不但要反映新情况、新事物、新动向、新信息、新经验，还要阐明新思想、新观点。

4. 真

简报是领导机关了解工作情况、做出决策的重要依据，因此简报的内容必须真实，有关事实、数据等必须准确，对事件的评价必须客观恰当。这就要求简报的编写者要深入调查，全面了解情况，认真核实有关材料，不能虚构和夸大事实。

5. 连

简报的编发常常是连续的，这与工作开展的连贯性相一致。可以形成一种工作制度定期编发，也可以根据工作的实际需要不定期地编发。一般在举行重要会议或开展某种专项工作期间，往往连续编发简报。

三、简报的类型

根据简报的性质，可以把简报分为综合简报和专题简报两类；根据简报的内容，可以把简报分为情况简报、会议简报和信息简报三大类。

1. 情况简报

情况简报是用于反映本系统、本单位、本部门工作情况的简报，也称工作简报。如本系统、本单位、本部门贯彻执行国家方针政策、落实上级指示的情况、工作的进展情况、工作中的经验问题等。

2. 会议简报

会议简报是为及时反映、交流会议情况而编发的简报，一般会期长、与会人员多的大型会议或重要会议需要编制会议简报。会议简报由会议的主持部门或会议秘书处编制，内容包括会议的进展情况、会议研究的问题、讨论发言情况、讨论结果、通过的决议等。

3. 信息简报

信息简报是为传递信息、交流信息而编发的简报,是机关信息工作的重要手段,通常由本单位的信息中心编制。

四、简报的结构与写法

简报一般由报头、报身和报尾三个部分组成。

(一)报头

简报的报头类似于行政公文的版头部分,也是套红印刷,约占首页的 1/3,下面用红色横线与报身隔开。简报的报头通常包括以下几方面的内容:

1. 简报名称

一般用大号字体写在报头正中位置,套红印刷。写法上有两种形式:一是直接写成"工作简报""信息简报""学术动态"等;二是由单位名称、工作内容、文种三部分组成,如《××大学"不忘初心、牢记使命"主题教育活动简报》。

2. 期号

居中写在简报名称下一行,如"第12期"。

3. 编发单位

写于报头部分的左下角,如"××大学校办室""××会议秘书处"。

4. 编发日期

写在与编印单位平行的右侧。

除以上要素外,如果简报内容需要保密,在报头部分还要标明密级或"内部刊发 注意保存"等字样。

(二)报身

报头以下、报尾以上的部分是简报的报身,也称报核。简报的报身由按语、标题、导语、主体和尾语几个部分构成。

1. 按语

按语也称编者按,是为引导读者理解简报内容、了解编者意图等而写的提示语。简报的按语一般有两类:一种是说明性按语,常常对简报内容、作用、现实意义等做简要说明;另一种是批示性按语,常常针对一些有典型意义的事件或当前工作中的问题做出评论,表达领导机关的看法、意见或对下级的要求。按语不可过长,一般三五行即可。按语的位置在间隔线以下,简报标题之上。

2. 标题

简报的标题要能准确、简明地概括简报的内容，揭示简报的主旨。简报标题有单标题和双标题两种形式。

（1）单标题：用一句话概括简报内容、揭示简报主旨，如《我校通过"211工程"专家审查验收》。

（2）双标题：即正副标题式，正标题概括简报内容，揭示简报主旨；副标题补充叙述基本事实或补充说明文章范围等，如《尽责社会完善自身——校团委组织开展"把知识献人民"活动》。

3. 导语

导语是简报的开头，要用简洁准确的语言概括简报内容，说明简报主旨，引导读者阅读全文。常用的导语写法有：

（1）概述式。即用概括叙述的形式介绍简报的主要内容。

（2）结论式。即在简报的开头，先用一两句话将结论点出来，再对得出结论的理由做出说明。

（3）提问式。即一开始就用一个或几个问题把重要事实提出来，以引起读者思考，然后再在主体部分对问题做出回答。

4. 主体

写好主体是简报的关键。主体部分要用典型的、有说服力的事实、数据、情况等材料，把导语的内容加以具体化，用材料说明观点。主体部分的内容，或是反映具体情况，或是介绍具体做法，或是叙述所取得的成绩和经验，或是指出存在的问题，或几项兼而有之，无固定内容。

主体部分的层次安排有"纵式"和"横式"两种形态。纵式结构按事件发生、发展的时间顺序安排材料；横式结构按事理分类的逻辑顺序安排材料，把事情或工作情况分成若干方面逐一说明，必要时还可加小标题。

5. 尾语

简报的尾语可用一句话或一段话总结收束全文，也可提出今后的打算。对于连续性事件或工作，可用"事件处理结果将在下期简报中报道"等语句结尾。如果简报主体部分已经把事实、情况阐述清楚，也可以不另写尾语。

（三）报尾

位于简报末页的下方，用横线与报身隔开。报尾部分的内容有两个：一是简报的发送范围，写在报尾的左下方；一是印发份数，写在报尾的右下方。

简报格式如下图所示：

密级	×× 简报	
	（第 × 期）	
编发单位		编发日期
按语		
	标　题	
	导　语	
	主　体	
	尾　语	
报：××××××× 送：×××××××		共印 × 份

五、例文

【例一】

中共××学院委员会"不忘初心、牢记使命"主题教育活动

简　报

第 21 期

中共××学院委员会　　　　　　　　　　　　　　2019 年 11 月 29 日
"不忘初心、牢记使命"主题教育活动领导小组

我校举行"不忘初心跟党走　昂首迈进新时代"

2019 级新生班大合唱比赛

11 月 28 日，我校"不忘初心跟党走，昂首迈进新时代"2019 级新生班大合唱比赛在学校体育馆举行。党委书记、院长×××，党委委员、副院长×××，相关部门负责人及全体新生班辅导员老师出席了活动。比赛分红色记忆、阔步向前、走进新时代、不忘初心四个乐章，共有来自五个系的 14 个节目参赛。

大合唱比赛在庄严的国歌声中拉开序幕。化学与环境工程系高歌《迎风飘扬的旗》，用铿锵有力的歌声表达了对祖国的热爱之情；制药工程系的《走向复兴》，表现了中华民族在走向复兴的道路上，雄姿英发、勇往直前的强劲步伐；机电工程系演唱的《祖国不会忘记》，把人民对祖国的深情刻画得淋漓尽致；经济管理系用旋律激昂的《同心共筑中国梦》，展示了学院学子走向梦想之路的坚实脚步；信息工程系的《光荣与梦想》催人奋进，振奋人心。精彩纷呈的表演、满怀深情的演唱赢得了现场师生的热烈掌声。演出在全体师生共同演唱的《我和我的祖国》歌声中落下帷幕。

经过评委会的评定，化学与环境工程系参赛队演唱的《迎风飘扬的旗》、制药工程系参赛队演唱的《走向复兴》获得一等奖，另有 5 个参赛队获得二等奖，7 个参赛队获得三等奖。

党委书记、院长×××和党委委员、副院长×××为获得优秀组织奖的单位和获得一等奖的两支参赛队颁奖。

今年是新中国成立 70 周年，也是我校建校 100 周年。此次新生班大合唱比

赛，紧紧围绕"不忘初心、牢记使命"主题教育，旨在通过活动继承发扬革命优良传统、大力弘扬爱国主义精神，让广大青年学生进一步坚定理想信念，始终不渝听党话，跟党走。

报：全省教育系统"牢记初心 不忘使命"主题教育活动办公室
送：××××××××××

（共印×份）

【例二】

××公司党代会新闻简报

　　××物资集团再生资源公司第八次党员代表大会于5月23日上午8时30分在庄严的国歌声中开幕，来自公司机关、各基层单位党员代表、离退休党员代表共45人参加了会议。

　　再生资源公司经理高××致开幕词。

　　再生资源公司党委书记王××同志做了题为《为开创再生资源公司和谐发展新局面而努力奋斗》的工作报告。报告总结了再生资源公司过去三年的工作与基本经验，过去三年里，再生资源公司在管理局和物资集团的正确带领下，公司党委团结和带领党员干部和群众，走过了不平凡的历程，付出了许多艰辛，各项工作取得了丰硕的成果，企业实力明显增强，经营管理稳步推进，职工生活水平进一步提高，企业文化成绩喜人，党建工作水平不断提高。各项工作在取得可喜成绩的同时，积累了宝贵经验：一是始终坚持以科学发展观为统领，为企业发展提供了可靠的政治保证和组织保证；二是始终坚持把握第一要务不放松，不断提高企业的管理水平和经济效益。报告分析了再生资源公司目前所面临的形势，提出了公司在今后一个时期的主要任务。今后三年，公司要以习近平新时代中国特色社会主义思想为指导，紧紧围绕"实现企业和谐发展"这一战略目标，认真贯彻"四个过渡"指导方针，大力实施"三项工程"，全面落实"五项任务"，努力开创再生资源公司各项工作的新局面。

　　在分组讨论公司党委工作报告的过程中，与会代表对工作报告给予充分的肯定。与会代表纷纷表示，报告审时度势，着眼未来，明确了再生资源公司所面临的形势，确定了今后一段时期总的指导思想、战略目标和工作任务，是基层党组织、全体共产党员和职工群众在新时期新阶段努力推进再生资源新发展的政治宣言和行动纲领。

会议通过差额选举的方式，选举产生了新一届××物资集团再生资源公司委员会。王××、高××、刘××、冯×、杨××当选再生资源公司第一届委员会委员。

再生资源公司党委书记王××同志致闭幕词。他表示，新当选的第一届委员会委员，决心在物资集团党委和物资集团的正确领导下，紧紧依靠基层党组织和职工群众，以习近平新时代中国特色社会主义思想为指导，以党代会确定的各项工作目标为指引，努力发挥政治核心作用，以高度负责的敬业精神、永不懈怠的创新意识、求真务实的工作作风，带领全体党员干部团结奋斗、开拓进取，继续打造企业经营优势，不断开创再生资源和谐发展的良好局面，努力为落实大会提出的各项任务和实现公司的奋斗目标，作出新的、更大的贡献！

10时40分，大会圆满完成了各项议程，在雄壮的《国际歌》声中落下帷幕。

第八章　日常事务文书（三）

第一节　演讲稿

一、演讲稿的概念

演讲稿是演讲者为在集会或公共场合发表演讲而准备的文稿。演讲者通过演讲，发表自己的观点，表达自己的情感，或达到自己某一预定的目的。演讲稿的作者一般是演讲者本人。

二、演讲稿的特点

1. 主题鲜明、正确

演讲稿要求主题鲜明、正确。鲜明，是指演讲主题要集中，演讲内容要紧紧围绕预定的主题展开，观点明确深刻，表述清晰明白，材料典型有说服力，这是演讲稿最主要的一条要求；正确，是指演讲者表达的观点不能出现各种政治性或常识性错误，不能片面或偏激，要能得到听众的认同。

2. 语言生动，富有感染力

演讲稿的语言要简练流畅，生动活泼，富有鼓动性和感染力。简练流畅是指演讲稿要语义连贯，言简意赅，忌冗长繁杂。演讲稿常常运用各种修辞手法和多种表达方式，如比喻、排比、夸张、抒情、想象等，以使文句生动活泼、富于较强的鼓动性和艺术感染力。可以说，演讲稿是应用文中语言艺术性最高的一种文体。

3. 目的明确

不同类型的演讲有不同的目的，无论哪种演讲，其目的都是明确的。例如，竞聘演讲，就是为了得到某一个工作岗位；参加演讲比赛，就是为了赢得评委与听众的认可，获取胜利。因此，演讲稿要调动一切语言艺术手段，以实现演讲的目的。

三、演讲稿的类型

从不同的角度,可以对演讲类型作不同的划分。按有无准备来说,演讲可分为命题演讲和即兴演讲,其中命题演讲又可以分为全命题演讲和半命题演讲;按演讲内容来说,演讲可分为政治演讲、生活演讲、学术演讲等;按演讲的功用来说,演讲可分为竞聘演讲、竞赛演讲、礼仪演讲等。

1. 竞聘演讲稿

这类演讲主要是为了竞争某一个工作岗位而进行,因此演讲稿要始终围绕竞聘这一目的展开,要充分展示自己与岗位能力相关的优势,彰显自己的个性与才能,语言要有感染力,要能打动招聘者。

2. 竞赛演讲稿

竞赛演讲稿,一般有规定的题目或明确的主题,故也称命题演讲或主题演讲,如爱岗敬业演讲、师风师德演讲、爱我中华扬我国威演讲、学习党的二十大精神演讲等。这类演讲要紧紧围绕主题进行,语言要生动形象,要能打动观众与评委。

3. 礼仪演讲稿

这是在各种庆祝、欢迎集会上或其他礼仪场合中所做的表达演讲者祝贺、祝福等美好意愿的礼节性演讲,如开业庆典仪式上的祝词。礼仪演讲稿要感情真挚、语言恳切,以情动人而不做作。

四、演讲稿的结构与写法

演讲稿由称谓、开头、主体和结尾四个部分组成,开头、主体和结尾三个部分大体符合"凤头、猪肚、豹尾"的传统结构原则。

1. 称谓

演讲的对象、场合不同,称谓也就不同。演讲常用的称谓有"各位领导""各位来宾""女士们、先生们""同志们""朋友们"等,通常在称谓前加上"尊敬的""敬爱的"等词,以示尊重和友好。

2. 开头

演讲稿的开头,篇幅不必长,要像"凤头"那样美丽、精彩。开头的写法主要有以下几种形式:

(1)开门见山式。即一开讲,就进入正题。这种开头方法,能使听众很快抓住演讲的主题并引起共鸣。

（2）引用名言式。名人名言对听众有着强烈的刺激，能够在一开场就吸引听众的注意力。

（3）提问式。即在开头提出一些问题，以激发听众思考，此种开头很有逻辑力量，可起听众的注意。

（4）幽默式。开头用几句富于幽默感的话，调动听众的情绪，吸引听众的注意。

（5）故事导入式。选择与演讲主题密切相关的小故事作为开头，以引起听众兴趣。

3. 主体

演讲稿的主体部分是演讲的正文和核心部分，要像"猪肚"一样有充实、丰富的内容。主体部分写得好不好，直接关系到演讲的质量和效果。写作演讲稿的主体部分，应注意以下几个问题：

（1）确定结构形式。演讲稿的形式非常灵活，但不管形式如何变化，都要求主题突出、分析透彻、推理严密、层次清晰、情理交融。

（2）认真组织好材料。演讲稿的理论依据和事实论据的组织安排要适当。理论依据要准确，事实论据要真实而典型，真正起到画龙点睛的作用。

（3）构筑演讲高潮。一份成功的演讲稿，必须有高潮。高潮部分应思想深刻、态度明确、感情强烈，并能使听众产生强烈共鸣。

4. 结尾

演讲稿的结束语是演讲打动听众的最后机会，要像"豹尾"一样有力。演讲稿的结尾可以用总结性语言概括演讲的主旨，也可以用鼓动性言辞号召人们行动起来，也可以是祝愿的话语。总之，演讲稿的结尾要言简意赅而余音绕梁，既能够使听众精神振奋，又能促使听众不断思考和回味。

五、演讲稿的写作要求

1. 语言要雅俗共赏

演讲要面对广大的听众，每个听众的文化程度、艺术素养等都不尽相同，因此，演讲的语言要照顾大多数听众，使大多数听众能接受。故撰写演讲稿时，要力求深入浅出，雅俗共赏，要多用口语，并适当吸取群众语言的精华。不能卖弄学识，故作高深。

2. 行文要波澜起伏

演讲要能调动听众情绪，产生现场互动效应，以达到最理想的效果。故写作演讲稿时，要努力做到有铺垫，有高潮，有悬念，力求行文跌宕有致，情绪高低起伏，语调抑扬顿挫。如果演讲者从头到尾都是一种语调、一种情绪，就会使听众有困倦之感，从而削弱演讲的效果，达不到预定目的。

3. 篇幅要长短适中

演讲稿的篇幅长短须根据演讲的时间规定加以严格控制，以短小精悍为佳。篇幅过长，演讲者和听众都会感到疲劳，演讲效果也会因此大打折扣。

六、例文

在北京大学 2015 届本科生毕业典礼上，著名生物学家饶毅作为教师代表做了精彩而简短的演讲，以下就是演讲稿的全文：

做自己尊重的人

在祝福裹着告诫呼啸而来的毕业季，请原谅我不敢祝愿每一位毕业生都成功、都幸福，因为历史不幸地记载着有人的成功代价是丧失良知，有人的幸福代价是损害他人。

从物理学来说，无机的原子逆热力学第二定律出现生物是奇迹；从生物学来说，按进化规律产生遗传信息指导组装人类是奇迹。超越化学反应结果的每一位毕业生都是值得珍惜的奇迹；超越动物欲望总和的每一位毕业生都应做自己尊重的人。

过去、现在、将来，能够完全知道个人行为和思想的只有自己；世界上很多文化借助宗教信仰指导人们生活的信念和世俗的行为；而对于无神论者——也就是大多数中国人来说，自我尊重可能是重要的正道。

在你们加入社会后看到各种离奇的现象，知道自己更多的弱点和缺陷，可能还会遇到小难大灾，如何在诱惑和艰难中保持人性的尊严、赢得自己的尊重并非易事，却很值得。

这不是自恋、自大、自负、自夸、自欺、自闭、自怜；而是自信、自豪、自量、自知、自省、自恕、自勉、自强。

自尊支撑自由的精神、自主的工作、自在的生活。

我祝愿：退休之日，你觉得职业中的自己值得尊重；迟暮之年，你感到生活中的自己值得尊重。不要问我如何做到，50 年后返校时告诉母校你如何做到：

在你所含全部原子再度按热力学第二定律回归自然之前，它们既经历过物性的神奇，也产生过人性的可爱。

第二节　申请书

一、申请书的概念

申请书是个人、部门或集体向领导或组织表达愿望、提出请求时使用的文书，属于书信体的一种。

申请书是日常工作、生活、学习中使用范围广泛、使用频率较高的文种之一。向党团组织或其他群众团体组织表达加入该组织的愿望时，可以使用申请书，如入党申请书、入团申请书；个人在学习、工作、生活上对机关、团体、单位领导有所要求时，可以使用申请，如申请转学、申请带职进修、申请调动工作；日常工作、生活中遇到困难，请求组织、单位或领导给予照顾或帮助解决时，可以使用申请书，如申请解决住房困难、申请困难补助等。

二、申请书的特点

作为书信体文书，申请书在形式上除符合书信体的格式要求，除具有一般书信文书的特点之外，又有其自身的特点。

1. 沟通性

申请书是个人、部门或集体为实现其愿望、要求而向领导或组织提出申请时使用的文书，带有很强的交流沟通性质。可以说，申请书是个人与组织、个人与领导、下级与上级沟通的一种手段。它不仅可以让组织和领导加深对下级的了解，还可以密切个人与组织、下级与上级之间的关系，促进中国特色社会主义和谐社会的建设和进步。

2. 普遍性

申请书的普遍性主要体现在其使用范围很广，几乎涉及工作、生产、学习的各个方面；任何人、任何部门都可以使用申请书，包括被法律认定有罪的人。

3. 单一性

一份申请书只提出一项申请，一书一事，内容单一，主题明确。

三、申请书的结构与写法

申请书有较为固定的结构和写作格式，包括标题、称谓、正文、结尾、署名和日期六个部分。

1. 标题

申请书的标题有两种写法：一是直接用文种"申请书"作标题；二是由申请事项和文种构成，如"贫困生助学金申请书"。申请书也叫志愿书，例如入党申请书也可以写作"入党志愿书"。

2. 称谓

在标题下一行顶格写明接受申请的部门或组织。

3. 正文

这是申请书的主要部分，要写清楚申请的事项、理由依据和目的要求。申请理由较多时，可以从几个方面、分几个阶段申述。如果是申请加入某组织，可以先写对该组织的认识过程，再表明自己的决心、态度和要求，要写得诚恳而有分寸。

4. 结尾

申请书的结尾一般再次表达自己的愿望、请求，也可以以"请××组织批准""特此申请""此致、敬礼"之类的礼貌用语作结。

5. 署名

在正文右下方写上申请人姓名或申请单位名称。

6. 日期

在署名的右下方，写提出申请的年、月、日。

四、申请书的写作要求

1. 写申请书要实事求是，不能为实现自己的愿望、要求而夸大其词，弄虚作假。尤其是加入党团组织的申请书，一定要符合本人的经历、工作、生活、思想变化的实际，决不应照抄照搬。

2. 文字要朴实准确，表达要简洁明了，态度要诚恳端正，把请求的事项、原因和目的要求说明白即可，忌浮泛冗长、东拉西扯、故弄玄虚、有意渲染。

五、例文

【例一】

助学金申请书

尊敬的校领导：

您好！我叫×××，是本校2019级文秘1班学生，想申请学校为家庭经济困难学生而设的助学金。

我来自××省××市遂溪县农村，家有父亲、母亲、妹妹和我四人。父母都是农民，以务农为生，没有其他收入。母亲常年多病，家里开支全由父亲一人承担。为给母亲看病和供我与妹妹上学读书，家里已经欠了不少外债，家中日子一直过得清苦。

2019年8月我收到了学校的录取通知书，终于圆了大学梦！一家人喜极而泣。然而，大学每年上万元的学费、生活费成了我家的极大难题。为了能让我走进大学校园，父母向亲戚朋友四处借钱，几经周折，才凑够了我第一学期的学费，旧债还没有还上，又添了新债。

如今，得知学校有资助家庭经济困难学生的善举，为了顺利完成学业，减轻父母的负担，我恳请学校根据我的实际情况，考虑我的申请，给予我助学金。

今后我将更加刻苦学习、奋力拼搏，争取作一名德才兼备的优秀学生，回报学校、父母和社会。

申请人：×××
2019年10月9日

【例二】

入党申请书

敬爱的党组织：

今天我郑重递上入党申请书，申请加入中国共产党。

我一直认为，伟大的中国共产党是中国工农阶级的先锋队，是中国各族人民利益的忠实代表，是中国社会主义事业的领导核心，是以马克思列宁主义、毛泽东思想、邓小平理论、"三个代表"重要思想、科学发展观、习近平新时代中国特色社会主义思想为指导的，建设小康、振兴中华的伟大力量，是一心一意为人民服务、创造先进生产力和先进文明的核心力量。在战争年代，中国共产党引领全国人民，取得新民主主义革命的胜利，建立新中国；在和平建设年代，共产党人走在时代的前列，引导全国各族人民取得一个又一个的巨大成就，实现综合国力的稳步提升和人民生活的日益富裕。如今，中国共产党又引领着全国人民，朝着全面建设小康社会、实现中华民族伟大复兴的康庄大道前进。将来，中国共产党必将引导人民实现民富国强、振兴中华的伟大目标。

作为大学生和共青团员，我明白只有将自己的爱国热情化作行动，将自己的理想和祖国的前途命运结合起来，才能实现自我的价值，人生才有意义。因此，进入大学以来，我时刻以党员的标准严格要求自己，努力向先进共产党员学习，认真学习和领会党的指导思想，以马克思列宁主义、毛泽东思想、邓小平理论、"三个代表"重要思想、科学发展观、习近平新时代中国特色社会主义思想为行动指南，积极主动、全心全意地为班级多做事，不怕苦、不怕累，在学习、工作中起到班干部的模范带头作用，受到老师和同学的好评。

我深知，距离一名优秀共产党员的标准，我还存在不小的差距。但我一定时刻牢记党的要求，在思想和行动上与党保持一致，努力学习和工作，不断进步，争取早日成为一名共产党员，在党组织的领导下，将自己的力量与激情献给党和国家，为全面建设小康社会和实现中华民族的伟大复兴作出应有的贡献。

请党组织考察我。

申请人：×××
2024 年 5 月 23 日

【例三】

试用员工转正申请书

人事部：

我于 2019 年 8 月 25 日进入公司，担任行政文员一职。如今，三个月试用期已满，我郑重提交转正申请。

三个月来，我工作认真、负责，富有热情，善于沟通，出色地履行了行政文员的岗位职责，较好地完成了领导交办的各项工作，得到了领导和同事们的一致认可。

工作中，我能与同事们融洽相处，表现出很强的团队协作能力，并能不断学习，虚心向他人求教，认真学习文员工作技能，不断提高理论和业务水平，为以后更加胜任这一岗位和出色完成各项工作奠定了扎实基础。

总之，经过三个月的试用期，我已能胜任本岗位工作。因此，特向贵部递交转正申请，请考核批准！

申请人：×××
2024 年 8 月 26 日

第三节　述职报告

一、述职报告的概念

述职报告是党政机关、社会团体、企事业单位的各级领导干部及岗位管理人员向主管领导部门或本单位的职工群众陈述自己在任职期间履行岗位职责情况的书面报告。述职报告必须围绕"职责"二字做文章，其写作目的，不是评功摆好，而是为了说明是否称职。

二、述职报告的特点

1. 真实性

述职报告是对干部进行考评和聘用的重要依据，述职者一定要实事求是、真实客观地进行陈述，力求全面、真实、准确地反映述职者履行岗位职责的情况，既不能夸大成绩，回避问题和失误，也不必过分谦虚，妄自菲薄。

2. 述评性

述职报告的述评性，体现在述职者不仅要客观公正地叙述本人在工作中做了什么，还要站在局外人的角度，结合岗位职责和工作标准，客观评价自己的工作情况。

3. 实践性

述职报告是实践的结晶。述职报告陈述的工作情况、取得的成绩、存在的问题也都是实践的产物，所以述职报告应着重强调既成事实，而不必过多陈述述职者的主观愿望和想法。

三、述职报告的结构与写法

述职报告一般由标题、称呼、正文、署名和日期五个部分组成。

1. 标题

述职报告的标题写法较灵活，大致有以下四种形式：

（1）直接用文种做标题，如《述职报告》。

（2）由述职者和文种组成，如《李方院长述职报告》《我的述职报告》等。

（3）由述职者、任职时限和文种组成，如《2019—2020年担任中文系党总支书记的任职报告》。

（4）正副标题式，如《抓住机遇　迎接挑战——××厂长任职报告》。

2. 称呼

述职报告一般要当众宣读，所以应选择恰当的称呼，一般写"各位领导、同志们"。

3. 正文

述职报告的正文一般包括开头、主体和结尾三个部分。

（1）开头

述职报告的开头要以简洁的文字，说明所担负的具体职责和任职期限，阐明任职的指导思想和工作目标，概述任职期间的工作情况，并对任职期间的工作情况做出总体评价。

（2）主体

述职报告的主体部分主要包括：履行职务的基本情况、所取得的成绩、存在的问题和不足、努力方向。这一部分要写详细，对一些重大问题的决策过程，对棘手事件的处理思路，对群众迫切关心的问题的认识和处理，都要交代清楚。要从思想道德素质、政治理论素质、开拓进取精神、政策法律水平、处事决断能力、廉洁模范作用、工作作风和工作方法等方面，回答称职与否的问题。

（3）结尾

述职报告的结尾可简述对自己的评价，并表明今后的工作态度，最后以"谢谢大家"收束。

4. 署名

在正文右下方写述职人职务、姓名。

5. 日期

在署名下一行写上日期。

四、述职报告的写作要求

写好述职报告，要注意以下三点：

1. 实事求是。述职报告要讲真话、讲实话、讲心里话，以诚感人。无论称职与否都要与事实相符，承担责任要恰如其分，不能争功推过。

2. 材料要典型，有说服力。述职报告要充分运用典型事例、统计数据等来说明所取得的成绩，分析存在的问题。

3. 述职报告的文风要朴实平和，应使用叙述、说明等表达方式，而不用描写或比喻、夸张等修辞手法做渲染。

五、述职报告与总结的异同点

述职报告和总结既有联系，又有区别。

1. 述职报告与总结的相同之处是，它们都可以谈经验、教训，都要求事实材料和观点紧密结合，从某种程度上说，述职报告可以借鉴总结的某些写作方法。

2. 述职报告与总结的不同之处在于以下三点：

一是要回答的问题不同。总结要回答的是做了什么工作、取得了哪些成绩、有什么不足，以及有何经验、教训等。述职报告要回答的是什么职责、履行职责的能力如何、是怎样履行职责的、称职与否等。

二是写作重点不同。总结的重点在于全面归纳工作情况，体现工作实绩。述职报告则必须以履行职责情况为重点，要突出表现德、能、勤、绩，表现履行职责的能力。

三是表述方式不同。总结主要运用叙述的方式和概括的语言，归纳工作结果。述职报告则可以采用夹叙夹议的写法，既表述履行职责的有关情况，又说明履行职责的出发点和思路，还要申述处理问题的依据和理由。

六、例文

××中学德育主任述职报告

本年度的工作即将告一段落，回顾这一年来的工作，我在校领导及各位同事的关心、指导和帮助下，严格要求自己，圆满完成了德育处主任分管的各项工作，为促进良好的校风，建设和谐校园，踏踏实实地做了一些自己应做的事情。下面我就一年来的工作、学习、管理等情况作以下述职，请各位领导和同事进行评议。

一、配合班主任抓好班集体建设。德育处举办了班主任和德育骨干培训，完成了班主任考核工作，深入年级组，为班主任排忧解难，配合班主任解决"后进学生"教育等问题。

二、注重学生日常行为规范的教育，做好安全、纪律、法治教育工作。德育处每周都有教育主题，定期举办各种主题教育班团课，结合每天值班人员的督促、检查、指导、整改，考核评分，促使学生按照《中学生守则》和《中学生日常行为规范》来规范自己的行为。

三、狠抓环境管理，净化校园环境。作为德育处主任，我经常在校园转一转、看一看，发现问题，及时处理，做到了安排到位、落实到位、检查到位、整改到位。

四、组织、开展了各项大型活动。德育处在期中、期末组织召开了两次家长会，积极协助并配合学校开展了"规范在我心中行为习惯养成教育"、"开学第一课"、学习新时代雷锋郭明义、"我们的节日——中秋"、文明班级的评选与表彰、××中学学生法治知识竞赛、心理健康教育、关爱留守儿童等各种大型活动，效果良好。

五、关心、帮助后进学生，做细致的教育转化工作。对待犯错误的学生，先应了解学生心理、了解学生特点、了解事件背景，借事件处理引导学生树立正确的世界观、人生观、价值观，使学生真正从中受到教育，从而增强改正错误的信心。

六、做好学生的心理健康教育工作，确保学生健康成长。随着社会的发展，心理障碍已成为中学生不可忽视的问题。为此，德育处多与这样的学生交流，了解他们的内心世界，举办了两次心理健康讲座，对症下药，促使他们走出阴影、走出误区，健康发展。

七、加强学生干部队伍建设，增强学生的自我管理能力。德育处认真宣传、大力表彰了一批先进班级和先进个人，以弘扬正气。同时，对个别违纪严重的学生，在做好教育工作的前提下，按照有关的规章制度，给予纪律处分。

八、缺点和不足

1. 工作时冷时热，有时缺乏工作激情和工作主动性。

2. 创新意识不够，只是按部就班完成分内工作，缺少创新。

学校德育处的工作任重而道远，今后的工作中我要发扬优势、克服不足，努力把我校的德育工作搞出特色。

感谢领导对我的关心和指导，感谢全体老师对我工作的大力支持和帮助。

××中学德育处×××
2024年1月10日

第九章　日常事务文书（四）

第一节　条据

一、条据的概念

条据文书是人们在日常工作、生活中或用作凭据，或起说明作用的篇幅短小、格式固定的应用文书。

条据文书一般可分为两大类，即说明类条据与凭证类条据。

二、说明类条据

（一）说明类条据的类型

说明类条据主要是告知对方某个信息，向对方说明某件事情。这类条据只起说明告知的作用，不具备法律效力。说明类条据包括以下两种：

1.请假条

因病、因事、因某些特殊情况不能上班、上学、参加某些活动，可用请假条。要说明请假的原因、请假的时间。

2.留言条

外出办事访友，如对方不在，可用留言条，告知对方自己的姓名、来找对方的缘由或约定见面的时间、地点。

留言条要放在室内显眼处，或贴在门上，或贴在车站、码头的留言栏内，也可托对方的家人、熟人或者门卫转交。

（二）说明类条据的结构与写法

说明类条据的结构是：标题＋称谓＋正文＋署名＋日期。

1. 标题

在正上方写明条据名称，如留言条、请假条。

2. 称谓

在标题下第一行顶格写受文者姓名，如"××同志""××老师"等。

3. 正文

另起一行，空两格，写明告知、说明的事项。

4. 署名与日期

写在正文的右下角。

（三）说明类条据的写作要求

1. 要事实清楚，使人一看便知。

2. 语言应简练，把事情说清楚即可，不要做无谓的修饰，切忌长篇大论。

3. 如有其他证明，可一并提交。如递交请假条时，需一并提交医院诊断证明。

三、凭证类条据

（一）凭证类条据的类型

凭证类条据的作用是作为证据、凭证，具有法律效力。这类条据主要包括以下几种：

1. 收条

收到单位或个人钱物时，写给对方的证明已收到钱物的字据，就是收条。

2. 领条

从相关部门领取钱物时，写给负责发放人员的证明已领到钱物的字据就是领条。

3. 借条

向部门、单位或个人借钱物时，写给对方的字据就是借条。

4. 欠条

向部门、单位或个人借钱物后所写的条据，或已归还一部分钱物，证明剩余所欠部分的字据叫欠条。

5. 代收条

向单位、个人归还所欠钱物，当事人不在，由别人代收时所写的字据叫代收条。

（二）凭证类条据的结构与写法

凭证类条据的结构是：标题＋性质关系语＋正文＋尾语＋署名＋日期。

1. 标题

在条据正文上方，写明条据的名称，如"收条""借条""代收条"等。

2. 表明条据性质关系语

凭证类条据一般不写称谓，在标题下一行空两格直接写明条据的性质关系，如"今收到""现收到""代领到"等。

3. 正文

正文紧接性质关系语，写明钱物名称、规格、数量、归还日期等。数量、金额要大写，以防涂改，并写明币种。数字前不留空白，数字后面要写量词，如"元""千克""双""件"等，后面加"整"字。

4. 尾语

凭证类条据的尾语可在正文的下一行写明"此据"二字，也可省略不写。

5. 署名与日期

写明当事人的姓名、日期。

（三）凭据类条据的写作要求

1. 对外使用的条据，对方和自己单位名称都要写全称。

2. 条据不能随意改动，如果确实需要改动，要在涂改处加盖印章，以示负责。

3. 条据字迹要端正清楚，要用钢笔或毛笔书写。切忌用褪色墨水书写。

4. 条据日期要年、月、日齐全。日期不明的条据，一旦发生纠纷，事实真相常常难以查清，也给诉讼时效的确定造成困难。

5. 内容表述要清楚明白。有的条据将"买"写成"卖"，"收"写成"付"，"借给"写成"借"等，都极易颠倒是非。

6. 署名要准确，要与身份证件上面的名字保持一致，不可有姓无名或有名无姓。

7. 请他人代写或由对方写的字据，应字斟句酌，认真审核后再签字盖章。

总之，条据一经签订对签约的各方就有了法律约束力，特别是经济性质的条据。因此，条据写得是否准确，权利与义务规定得是否严密、完备，关系到当事人的切身利益，影响到发生纠纷时，是非曲直的判断和鉴别。所以，写条据必须认真、慎重、规范，归还款物时一定要索回条据。

四、例文

【例一】

请假条

李老师：

  由于我母亲病重，需我送她去医院检查，下午需请假半天。望批准。

学生：李涵江

2024 年 10 月 11 日

【例二】

留言条

刘英同学：

  我来找你借《战争与和平》一书，不巧你外出。明晚 7 时我再来，请等候。若你能在明天上午带给我，我将十分感谢。

刘军

2024 年 9 月 13 日晚

【例三】

领条

  今领到学校产教中心发给精化四班的实习工作服、钳工组合工具各肆拾陆套，工具箱钥匙肆拾陆把。

  此据。

领取人：朱爱华

2024 年 10 月 22 日

【例四】

收条

  今收到宏远公司赠予我校的方正 7188 型台式电脑壹台、SHP6 型激光打印机壹台及电脑桌壹张。

  此据。

××市职教中心

2019 年 9 月 10 日

【例五】

借 条

今向张乾同学借到人民币壹佰元整,下月15日前归还。

此据。

李 亮

2023 年 12 月 25 日

【例六】

欠 条

原借杜笑笑同学人民币叁佰元整,已归还贰佰元整,尚欠壹佰元整,定于两个月内还清。

此据。

洪小涵

2019 年 3 月 20 日

第二节　启事

一、启事的含义

　　启事是指社会团体或个人公开向公众说明、告知情况或请求协助办理某件事情时所使用的应用文。启事可以在公共场所张贴,也可以通过媒体公开播发、刊登,是一种使用频率极高的文种。

　　启事不同于公告。公告具有政策性、严肃性的特点,使用起来很严格。而启事对受众对象没有强制力与约束力,使用起来比较随意。

　　"启事"不能写成"启示"。"启事"的"启"是"说明"的意思,"事"就是指被说明的事情。而"启示"的"启"是"开导"的意思,"示"是把事物摆出来或指出来让人知道,"启示"是指启发指示,开导思考,使人有所领悟。可见,"启事"和"启示"的含义截然不同,不能将二者混淆。

二、启事的特点

1. 公开性

启事从某种程度上讲具有广告的性质,启事的事情需要向公众公开说明。通常,启事要张贴出来,或是通过报刊、电视、广播等媒体进行广泛传播。

2. 广泛性

启事的适用范围和制发者身份都非常广泛。启事的内容可公可私,事情可大可小,作者可以是社会团体,也可以是个人。此外,启事的受文对象也非常广泛,常常面向整个社会。

3. 实用性

启事可以用来寻人、寻物,也可以用于征婚、招聘等,内容涉及日常工作、生活的方方面面,实用性很强。

三、启事的种类

启事种类繁多,常用的有以下几类:

1. 寻找类

如寻物启事、寻人启事等。

2. 征召类

如征稿启事、征婚启事、招生启事、招聘启事、招商启事等。

3. 告知类

如开业启事、庆典启事、迁移启事、更名启事等。

4. 声明类

如遗失证件、票据时,发启事声明作废、声明无效或声明本人、本单位与某件事无关。

四、启事的结构与写法

启事一般由标题、正文、署名和日期构成。

1. 标题

启事常用的标题形式有以下四种:

一是由发文单位、发文事由和文种构成,如《××公司招聘启事》《××服装店迁址启事》；二是由事由＋文种构成，如《寻物启事》《招工启事》等；三是由发文单位和文种构成，如《××公司启事》；四是直接写文种，即"启事"。有些事情因为比较紧急，也可用"紧急启事"做标题。

2. 正文

启事的正文主要是交代事情原委和目的，提出希望和要求，说明有关注意事项和办理程序等。启事的种类不同，在写作内容上也有所不同。比如，寻物启事要写明所遗失物品的名称、数量、特征、遗失时间、地点、联系人、联系方式、答谢方法等；如果是招聘启事，要写明招聘目的、招聘对象、招聘条件、应聘方式等。

3. 署名

在正文右下方，署上发布启事的单位或个人名称。

4. 日期

写在署名下面。

五、启事的写作要求

1. 内容要真实可靠

启事的内容必须真实，不得弄虚作假，否则就是欺骗他人。

2. 语言要简明扼要

启事的篇幅有限，所以语言要简明扼要、通俗明白，让人一看就懂，但有些细节不宜写得过于清楚。

六、例文

【例一】

寻物启事

今天上午10点左右，本人不慎在出租车上遗失公文包一只，内有重要合同、票据及现金支票等物。本人万分焦急，恳请拾到者电话联系本人，电话号码：××××××××××××。对拾到者本人将酬谢现金壹仟元。

××市××中学教务处　李鸣

2024年4月5日

【例二】

招聘启事

我公司因工作需要，现面向社会公开招聘总经理秘书一名，男女不限。

一、招聘条件

1. 学历：大专及以上学历。

2. 工作经验：需要具有三年以上相关工作经验。

3. 能力要求：具有较强的文字表达能力，熟悉各种公文及商务信函的写作，能规范撰写各种文稿；熟悉相关办公软件；熟悉社交礼仪，具有良好的商务接待和公关能力，具有良好的人际沟通和组织协调能力。

二、月薪：2000～3000元。

三、报名方式

请将个人简历发至邮箱：××××××××××；联系人：李××，电话：××××××××××。

四、报名截止时间：2024年7月25日。

××市××有限公司
2024年7月10日

第三节　海报

一、海报的概念

海报是向公众报告或介绍戏剧、电影、杂技、体育赛事、学术报告会等活动信息时使用的一种张贴性应用文。海报是广告的一种，通常张贴在演出场所或比较醒目的地方，告知有关活动的事项，有的还在广播电视等媒体上播出。

二、海报的类别

根据海报的内容，可以把海报分为演出比赛类海报和学术报告类海报两大类。

1. 演出比赛类海报

如电影海报、文艺晚会海报、体育赛事海报等，这类海报一般要写明演出或比赛的名称、时间、地点、主要内容及主要演员等。为增强宣传效果，这类海报常常配以图画,并在版式上做些艺术性的处理,以吸引观众,增强宣传力度。

2. 学术报告类海报

这类海报为一些学术性的活动而发布,一般张贴在学校或相关单位较醒目的地方。

三、海报的结构与写法

海报一般由标题、正文和落款三部分组成。

1. 标题

海报的标题写法多样,形式灵活,大体有三种写法。其一,单独由文种构成,即在第一行居中写"海报"字样。其二,直接用活动的内容做题目,如"舞讯""影讯""球讯"等。其三,用一些描述性的文字做标题,如"×××再显风采"等。

2. 正文

海报的正文一般要写清以下内容:

(1)活动的目的和意义。

(2)活动的主要内容、时间、地点等。

(3)参加活动的具体方法及注意事项,如是否凭票入场,票价及售票时间、地点等。

3. 落款

要求署上主办单位的名称及海报的发文日期。

需要说明的是,以上内容要素是就海报的整体要求来讲的,实际使用中有些内容可以简写或省略。

四、例文

学术报告会海报

为推动学院的学术和科研水平,我院特邀知名学者、××大学教授李××来我校作题为《知识经济时代的学习和工作》的学术报告,欢迎广大师生踊跃参加。

时间:2023年12月11日下午2:30。

地点:学术报告厅。

××职业技术学院科研处
2023年12月8日

第十章 日常礼仪文书

我国是有着悠久历史的文明古国、礼仪之邦。人们的社会交往活动和思想感情的交流，有许多是借助一定的礼仪形式来进行的。礼仪文书就是人们在各种礼仪场合使用的应用文书的总称，主要包括感谢信、慰问信（电）、贺信（电）、欢迎词、欢送词、开幕词、闭幕词等。

第一节 感谢信

一、感谢信的概念

感谢信是向帮助、关心和支持过自己的集体（党政机关、企事业单位、社会团体等）或个人表示感谢的专业书信。感谢信对于弘扬正气、树立良好的社会风尚，促进社会主义精神文明建设有着重要的意义，是文明的使者。

二、感谢信的类型

根据寄送对象不同，可将感谢信分为三种：一种是直接寄送给感谢对象，一种是寄送对方所在单位或有关部门公开张贴，还有一种是寄送给广播电台、电视台、报社、杂志社等媒体公开播放。

三、感谢信的结构与写法

感谢信的结构包括标题、称呼、正文、结尾、署名和日期六个部分。

1. 标题

感谢信的标题有三种写法：一是直接以"感谢信"为题；二是由感谢对象和文种组成，如"致××同学的感谢信"；三是由感谢者、感谢对象和文种组成，如"赵××全家致××派出所的感谢信"。

2. 称呼

第二行顶格写感谢对象的单位名称或个人姓名,称呼后用冒号。

3. 正文

在称呼下一行空两格起写正文。这一部分要满怀感激之情,写感谢的内容和谢意。写清楚对方在什么时间、什么地点、做了什么好事、对自己或本单位有什么支持和帮助、事情有什么好的结果和影响,还要写清楚对方有哪些好思想、好品德、好风格。最后表示自己或所在单位向对方学习的态度和决心。

4. 结尾

正文之后,另起一行空两格写"此致",转行顶格写"敬礼"。

5. 署名

在正文右下方署上致谢单位名称或者个人姓名。

6. 日期

在署名的下一行写上感谢信的写作日期。

四、感谢信的写作要求

1. 内容要真实,评誉要恰当,不可夸大溢美。表示谢意的话要得体,既要符合被感谢者的身份,又要符合感谢者的身份。

2. 叙述对方对自己或本单位的帮助时,一定要把人物、时间、地点、原因、结果以及事情经过等写清楚,以便于组织了解和群众学习。

3. 感情要真挚、热烈,使所有看到信的人都受到感染。

五、例文

感谢信

亲爱的××公司员工:

你们好!马××是贵公司××车间的一名普通员工,风华正茂的年龄,却被查出患有白血病。这是一种恶性血液系统疾病,急需手术治疗,但巨额的医疗费用让我们一家一筹莫展。得知马××的病情后,贵公司第一时间发出了为马××爱心捐款的倡议,倡议得到了全体员工的积极响应和大力支持。公司员工在××总经理的号召和带领下,纷纷慷慨解囊,为马××捐款25000余元。你们的善行义举给了马××生的希望,向病榻上的马××传递着温暖、传递着力量、传递着祝福、传递着互助友爱的精神，增强了马××战胜病魔的勇气和信心，也让我们全家看到了人性的美好。

马××是不幸的，在人生最灿烂的时候她被病魔缠身，抱病在床；但她又是幸运的，因为有贵公司员工最纯洁的爱心在伴她同行。"病魔无情，人间有爱"，我们相信，有大家的祝福、关爱与帮助，马××一定能早日战胜病魔，创造生命的奇迹，重新回到这个温暖的集体中来。在此，我们全家谨向所有给予马××无私帮助的公司员工表示最崇高的敬意和最诚挚的感谢！祝好人一生平安！

马××家属
2023年5月13日

第二节　慰问信

一、慰问信的概念

慰问信是以组织或个人名义向对方表示关怀、问候和安慰的书信。慰问信主要适用于三种情况：一是对因某种原因（如战争、自然灾害、事故等）而遭遇暂时困难和严重损失的集体或个人表示同情、安慰；二是在重要节日，向对方表示问候、关心；三是对作出重要贡献的集体或个人表示慰问。

二、慰问信的特点

1. 发文的公开性

慰问信多数以张贴、登报或在广播、电视中播放等形式出现。公开性是慰问信的重要特点。

2. 情感的沟通性

无论是对有突出贡献者的慰问，还是对遭遇困难者的慰问，抑或节日的慰问，情感的沟通是支撑慰问信的一个深层基础。慰问信正是通过这种或赞扬，或同情，或关怀的方式来达成双方的情感交流和相互理解的，尤其是针对某一群体的节日慰问，更是起着沟通情感的作用。

3. 书信体的格式

慰问信是书信的一种，采用书信体的格式书写。

三、慰问信的结构与写法

慰问信一般包括标题、称谓、正文、结尾、署名和日期几个部分。

1. 标题

慰问信的标题有三种写法：第一种是居中直接写"慰问信"；第二种是由内容和文种构成，如"教师节慰问信"；第三种是由慰问对象和文种构成，如"致×××的慰问信"。

2. 称谓

写法同感谢信。

3. 正文

慰问信的正文一般要交代清楚慰问目的、慰问缘由或慰问事项。

（1）慰问目的：交代清楚因为什么、代表什么人、向谁表示慰问。

（2）慰问缘由或慰问事项：这部分要根据事件和对象的不同而有所区别。如果是慰问作出突出贡献的集体或个人，要简要、概括地叙述出对方的先进事迹、作出的贡献、具有什么样的品质或风格；如果是慰问节假日坚持工作的群众，要着重称颂他们的奉献精神；如果是慰问遭受灾难的人们，要着重鼓励对方树立生活的信心和勇气。

4. 结尾

根据事件和对象的不同，以鼓励或祝愿的话语作结。

5. 署名

在正文右下方签署慰问单位的名称或者个人的姓名。

6. 日期

在署名下一行写明慰问信的写作日期。

四、慰问信的写作要求

1. 感情要真挚，语言要亲切、朴实。
2. 基调要乐观向上，无论是哪一类的慰问信，都要以激励和鼓舞为主。
3. 篇幅要短小。

五、例文

致员工和家属的新年慰问信

尊敬的员工和家属们：

大家好！

凯歌送旧岁，骏马迎新年，值此辞旧迎新的日子，我谨代表公司及管理团队，向一直坚守岗位、辛勤工作的全体员工，向多年以来对亲人献身交通服务行业给予理解和支持的员工家属们，表示衷心的感谢和诚挚的问候！

过去的一年，是公司发展不平凡的一年。面对营运市场竞争的严峻挑战和同行业竞争发展的巨大压力，公司积极应对调整布局，适应市场环境，巩固客源、拓展新市场，在2023年的征程中实现了新的跨越，全面完成了集团下达的经营目标任务，取得了较好成绩。过去的一年，公司面对市场变化，适时调整经营策略，增添新能源车辆，节能降耗，企业的经济效益稳步发展；过去的一年，公司进一步完善各项制度，实行激励管理，建立健全竞争、激励的约束机制，员工薪酬及福利待遇逐步提高，团队凝聚力和执行力逐渐加强，企业文化氛围日趋浓厚。这些成绩的取得离不开广大员工的辛勤付出，也离不开各位员工家属的理解与支持。在此，公司向一直在身后支持我们工作的各位员工家属表示深深的谢意！是你们无私的爱给了我们无穷的动力，是你们的理解与支持成就了公司的辉煌！我们所有的荣誉也属于你们！在此，我真诚地向你们道一声：你们辛苦了！衷心希望各位员工家属继续支持你们亲人的工作。

2024年是充满希望的一年，憧憬未来，我们满怀信心。我们坚信，有全体员工的共同努力，有各位家属的支持和关怀，公司的明天会更好！新年将至，诚挚祝愿各位员工及家属：

新年快乐、身体健康、万事如意、阖家幸福！

×× 公司总经理 ××

2023年12月31日

第三节 贺信

一、贺信的概念

贺信，是机关、企事业单位、社会团体或个人向其他集体单位或个人表示祝贺的一种专用书信。贺信由古代的祝词演变而来。今天，贺信已经成为表彰、赞扬、庆贺对方在某个方面所作贡献的一种常用形式，它还兼有表示慰问和赞扬的功能。

二、贺信的结构与写法

贺信一般由标题、称谓、正文、结尾和落款五部分构成。

1. 标题

贺信标题的写法有三种：一是直接以"贺信"为题；二是由恭贺主体和文种组成，如"××公司贺信"；三是由恭贺主体、恭贺对象和文种组成，如"××公司给××协会的贺信"。

2. 称谓

顶格书写被恭贺的单位名称或个人姓名，如果是祝贺某会议的召开，直接写会议名称即可。

3. 正文

贺信的正文要交代清楚以下几项内容：

一是要结合当前的形势状况，说明对方取得成绩的大背景，或者某个重要会议召开的历史条件。

二是要概括说明对方都在哪些方面取得了成绩，分析其成功的主观、客观原因。贺寿的贺信，概括说明对方的贡献及其宝贵品质。总之，这一部分是贺信的中心部分，一定要交代清楚祝贺的原因。

三是要表示热烈的祝贺。要写出自己祝贺的心情，由衷地表达自己真诚的祝福。要写些鼓励的话，提出希望和共同理想。

4. 结尾

结尾要写上表达祝愿的话，如"此致敬礼""祝您健康长寿"等。

5. 落款

写明发文单位名称或个人姓名,并署上成文日期。

三、例文

【例一】

贺信

《读者》杂志社:

  我们怀着十分欣喜与钦佩的心情通知您,贵刊在刚刚结束的"中国期刊奖"暨"第二届全国百种重点社科期刊"评选中荣获"中国期刊奖"暨"第二届全国百种重点社科期刊"称号。在此,向贵刊表示衷心的祝贺与诚挚的敬意。

  处于世纪之交的"中国期刊奖"与"第二届全国百种重点社科期刊"的评选,是 20 世纪最后一次对全国期刊的检阅,承先启后,继往开来,预示着新世纪中国期刊业进一步繁荣、腾飞的灿烂前景。吮吸着悠久历史的芬芳,化育着时代奋进的精神,祝愿贵刊早日成长为中国期刊之林的一棵参天大树。

中国出版杂志社有限公司敬贺
××××年×月×日

【例二】

贺词

各位领导、各位来宾,女士们、先生们:

  在这丹桂飘香、气候宜人的季节里,喜闻贵公司正式开业,对此我谨代表我公司全体员工向你们表示最热烈的祝贺。

  你们经过一年的积极筹备,现正式运营,这是一件值得庆贺的大事。从现在开始,你们就肩负起了为周边地区产业提供优质产品和优良服务的重任。我们相信,你们一定会不负众望,充分整合、利用市场的优势资源,发挥聪明才智,同心同德,战胜一切困难,完成好各项任务;也希望你们加强管理,提高服务质量,树立良好的企业品质,让我们携手共创美好明天!

  最后祝你们兴旺发达,创造辉煌!

××集团
××××年×月×日

第四节　欢迎词、欢送词

一、欢迎词、欢送词的概念

欢迎词是在仪式或会议开始时，主人对来宾的到来表示热诚欢迎的讲话稿。在外宾来访，领导视察，同人参观，欢迎新领导、新同事时，都可以致欢迎词。

欢送词是在仪式或会议结束时，主人对来宾的离去表示热情欢送的讲话稿。它的应用范围除了时间、场合的差异外，其余与欢迎词相似。

二、欢迎词、欢送词的特点

1. 愉悦感强

欢迎词和欢送词是表示喜其来、重其去，所以言辞用语务必轻松愉快、富有激情，表现出致辞人的真诚。

2. 口语化强

欢迎词和欢送词是由主人当面向客人口头表达的，所以遣词造句上要运用生活化的语言，既简洁，又富有生活情趣。口语化可以拉近主宾双方的关系。

三、欢迎词、欢送词的结构及写法

欢迎词、欢送词的结构及写法基本相同，一般由标题、称谓、正文和落款四部分组成。

1. 标题

可直接以"欢迎词"或"欢送词"做标题，也可由仪式名称和文种构成，如"在欢迎新学员大会上的致辞"。

2. 称谓

在第二行顶格写称谓，如"各位来宾""朋友们""先生们""女士们"等，有的在名称前加上表示亲切程度的修饰语，如"尊敬的""敬爱的""亲爱的"等。

3. 正文

正文是欢迎（送）词的主体，由开头、主体、结尾三部分组成。

（1）开头。开头通常应表明发言者的身份，或代表的是什么人，然后对来宾表示诚挚友好的欢迎和感谢（或表示友好欢送的惜别之情）。

（2）主体。一般表达四层意思：一是介绍来宾访问的背景情况，对客人的来访表示欢迎、问候或致意；二是客观评价对方的业绩，阐明来访的意义、双方的友谊与合作；三是简单介绍本单位（或本地区、本国）的情况，如果是外宾，以介绍我国的内外政策为主；四是热情地表示良好的祝愿或希望。

（3）结尾。欢迎（送）词的结尾一般是再一次对来客表示欢迎（欢送）与祝愿，如"祝你们的来访取得圆满成功""祝你们访问期间过得愉快""再一次对你们的光临表示真诚的感谢"等。

4. 落款

用于讲话的欢迎（送）词无须署名，若需刊载，要在题目下或文末署上致辞单位或个人名称、致辞者的身份，并署上成文日期。

四、欢迎词、欢送词的写作要求

1. 要热情而有礼貌，体现出真情实感。
2. 要善于巧妙地表达自己的原则立场。
3. 要尊重对方的风俗习惯、宗教信仰等，不讲对方忌讳的内容。
4. 语言要精练、明快，语气要热情、友好，篇幅要简短精当。

五、例文

【例一】

上海世博会欢迎词

各位来宾、各位朋友，先生们、女士们：

下午好！

火红五月，艳阳明媚，天高气爽，玉兰飘香。有朋自远方来，不亦乐乎？我是上海市市长韩正，非常荣幸能够代表上海市1900万市民向来自全球各地的朋友们表示热烈的欢迎。举目四望，今日之上海，千里逢迎，胜友如云，高朋满座，亚非欧美共长天一色，东方与西方辉映齐飞，仰观世界之大，俯察品类之盛，天高地迥，觉人类文明之无穷，心情无比激动！这是上海人民的盛会，是中国人民的盛会，是全世界人民的盛会。

人类文明历跨千年，在这千年的历史长河中，全人类共同创造了绚丽多姿的各种文明，我们勤勉智慧的先辈们以不屈不挠的进取和兼容并蓄的包容给我们留下了一幅幅波澜壮阔的历史画卷，使得我们今日的生活在亚非欧美的多重文明的交相辉映下而显得色彩斑斓。人类文明的朵朵奇葩属于全人类，也是不分种族、民族、肤色、宗教，互相交融的人们合力推动人类历史巨轮的结果。上海世博会就是延续和传承这种已经积淀多年的文明交汇的精神，这也应了中国的一句古话：海纳百川，有容乃大。

　　朋友们，城市是人创造的，它不断地演进演化和成长为一个有机系统。人是这个有机系统中最具活力和最富有创新能力的细胞。人的生活与城市的形态和发展密切互动。随着城市化进程的加速，城市的有机系统与地球大生物圈和资源体系之间相互作用也日益加深和扩大。人、城市和地球三个有机系统环环相扣，这种关系贯穿了城市发展的历程，三者也将日益融合成为一个不可分割的整体。上海世博会将以"城市，让生活更美好"为主题，邀请全球 200 多个国家和国际组织，几千个城市来共同探讨城市多元文化的融合、城市经济的繁荣、城市科技的创新、城市社区的重塑、城市和乡村的互动等议题，全面展示世界各文明的魅力和悠久历史文化，梳理世界艺术发展的基本脉络，揭示现代化国际大都市的深厚文化底蕴；充分贯彻"科技世博""生态世博""文化世博"等先进理念，为建设我们共同的美好的地球家园献计献策。故而，上海世博会是一次探讨人类城市生活的盛会，是一曲以"创新"和"融合"为主旋律的交响乐，将成为一次人类文明精彩的对话。

　　在此，首先向曾经创造辉煌文明的我们的先辈们致敬！向所有关心支持历届世博会特别是关心支持本次上海世博会的人们致敬！向为上海世博会的顺利举行而辛勤工作并仍然继续工作的建设者、志愿者们致敬！谢谢你们！

　　最后，祝上海世博会取得圆满成功！祝所有来宾身体健康！万事如意！祝全世界人民生活幸福安康！祝世界和平、和谐、幸福、美满！

　　谢谢！

中华人民共和国上海市市长　韩正
2010 年 5 月 21 日

【例二】

欢送词

尊敬的约翰布朗先生：

  再过半小时，您就要起程回国了。我谨代表××集团公司，并受王副部长之托，向您及您率领的代表团全体成员表示最热烈的欢送！

  我十分高兴地看到，近一个星期以来，我们双方本着互惠互让的原则，经过多次会谈，达成了四个实质性协议，取得了令人满意的成果。在此，我们对您在洽谈中表现出的诚意和合作态度，深表感谢！我衷心地希望您和您的同事们今后一如既往，为进一步发展我们双方的经济贸易往来而不懈努力！

  我们期待着您和您的同事们明年再来这里访问。谨致最美好的祝愿！

××集团公司总经理　程××
2019年4月9日

第五节　开幕词、闭幕词

一、开幕词

（一）开幕词的概念

  开幕词是在会议开始时，由相关领导人或会议主持人向大会所作的讲话。其内容主要是宣布会议议程，阐明会议的指导思想、意义、宗旨，以及向参会者提出要求并表达对大会的良好祝愿。开幕词是大会开始的标志，开幕词中的一些内容对于整个会议具有重要的指示与指导作用。

（二）开幕词的特点

1. 简明性

  开幕词简洁明快，篇幅短小，语言注重口语化，能使人听得清晰明白，很快进入大会主题。

2. 概括性

  开幕词概括介绍会议宗旨、议程及有关内容，能使与会者很快了解会议的概况。

（三）开幕词的结构与写法

开幕词的结构包括标题、称谓和正文三部分。

1.标题

开幕词的标题有多种写法。

（1）只写文种，即直接以"开幕词"为标题。

（2）由会议名称和文种组成，如"中国历史文化中的关羽学术研讨会开幕词"。

（3）由致辞者姓名、会议名称和文种组成，如"×××在 ××× 会议上的开幕词"。

（4）文章式的标题，即用一个短语或短句概括会议的主旨。

2.称谓

即对与会者的称呼。根据参加会议人员的具体组成情况而定，一般是"同志们"，或"各位来宾，各位代表""女士们、先生们、朋友们"。

3.正文

开幕词的正文一般包括以下几方面内容：

（1）宣布大会开幕，交代会议全称和内容，介绍出席会议的有关单位和领导等。

（2）指出会议召开的背景和意义。

（3）说明会议的中心任务、主要议题、会议的议程安排，阐明会议的目的及指导思想等。

（4）向与会者提出希望和要求。

（5）表达对会议的期望和良好祝愿。

（四）开幕词的写作要求

1.主题要明确，中心要突出。

2.语言要简洁、概括，注意与场景气氛的融洽；篇幅要短小精悍。

3.感情真挚而不做作，对到会的贵宾、领导、专家，要表达充分的敬意；对与会代表要给予应有的尊重。

二、闭幕词

（一）闭幕词的概念

闭幕词是会议将要结束时，由有关领导人向全体与会人员发表的总结性讲话。闭幕词是会议的重要文件之一，它是对会议的组织、进行情况与获得的成果所作的总结与评价，是会议圆满结束的标志。

（二）闭幕词的特点

1. 概括性

闭幕词有较强的概括性，它对会议的整个进程、会议所做的工作、会议取得的重要成果、会议的影响等问题进行归纳，使人能清楚地了解会议的概貌。

2. 简洁性

闭幕词的语言应精练简洁，篇幅一般比较简短。无论是对会议工作的归纳，还是对会议成果的评价，都要做到客观中肯、抓住本质、要言不烦。

3. 号召性

闭幕词的内容与语言要具有号召性，能鼓舞与会者的斗志，强化他们的信心，激励他们去夺取更大的胜利。

（三）闭幕词的结构与写法

闭幕词的结构包括标题、称谓和正文三部分。

1. 标题

闭幕词的标题与开幕词的标题写法类似，可直接以文种"闭幕词"做标题，也可以由会议名称和文种构成，如《××市第九届人大五次会议闭幕词》。

2. 称谓

与开幕词写法相同。

3. 正文

闭幕词的正文一般包括以下几方面内容：

（1）开头对会议进行宏观性的评价，说明在全体代表的共同努力之下，会议取得圆满成功。

（2）简要回顾会议各项议程的执行情况，客观评价会议取得的成果，对与会者的努力给予肯定和感谢。

（3）对会议通过的重要决议、完成的主要任务和会议的基本精神进行概括和总结。

（4）向与会者提出贯彻落实会议精神、做好会后工作的要求和希望。

（5）宣布大会胜利闭幕。

（四）闭幕词的写作要求

1. 闭幕词是带有总结性质的讲话，因此语言要有概括性，突出最重要的内容，便于与会者把握要领。

2. 闭幕词对整个会议的评价要实事求是。

三、例文

【例一】

北京奥组委主席刘淇在北京奥运会开幕式上的致辞

尊敬的胡锦涛主席和夫人，尊敬的罗格主席和夫人，尊敬的各位来宾，女士们、先生们、朋友们：

今天，来自奥林匹亚的圣火，跨越五大洲、四大洋，将在这里熊熊燃起。在这激动人心的历史时刻，我谨代表第29届奥林匹克运动会组织委员会，向来自世界各国家、地区的运动员、教练员和来宾表示热烈的欢迎！向国际奥林匹克委员会、各国际单项体育组织，向参与奥运会筹办的建设者和工作者，向所有关心、支持北京奥运会的朋友们表示衷心的感谢！

举办奥运会是中华儿女的百年梦想。七年前，十三亿中国人民与奥运有了一个美好的约定。从那时起，在国际奥委会的指导帮助下，中国政府和人民满怀激情，以最大的努力实践"绿色奥运、科技奥运、人文奥运"理念，认真做好筹备工作，兑现向国际社会做出的郑重承诺，使奥林匹克精神在中华大地得到了更广泛的传播。

在我国四川发生特大地震灾害后，国际社会和国际奥委会的支持与援助使中国人民感到温暖，也使我们增强了重建美好家园、办好北京奥运会的信心。

奥林匹克运动的魅力在于她的巨大包容力。今天，全世界204个国家、地区、不同民族、不同宗教信仰的人们相聚在五环旗下，增进了解，加深友谊，共同奏响"同一个世界，同一个梦想"的乐章。

奥林匹克精神的真谛在于"追求以人为本，实现人的自我超越和自我完善"。每一位运动员，都将在公平竞争的环境中，展现精湛技艺，迸发参与激情，创造心中向往的辉煌。

北京奥运会的重要使命在于促进世界各国文化的交流。我们真诚地希望，中华民族悠久的历史文化、充满生机活力的城市和农村、热情好客的人民，能给朋友们留下美好的记忆。

朋友们：北京欢迎您！

【例二】

北京奥组委主席刘淇在北京奥运会闭幕式上的致辞

尊敬的胡锦涛主席和夫人，尊敬的罗格主席和夫人，尊敬的各位来宾，女士们、先生们、朋友们：

第29届奥林匹克运动会已经胜利地完成了各项任务，在北京奥运会即将落下帷幕的时刻，我谨代表北京奥组委向国际奥委会、向各国际单项体育组织、各国家和地区奥委会、向所有为本届奥运会作出贡献的朋友们表示衷心的感谢！

在过去的16天中，来自世界204个国家和地区的运动员弘扬奥林匹克精神，在公平的竞争环境中顽强拼搏，展示了高超的竞技水平和良好的竞赛风貌，创造了骄人的运动成绩，共打破38项世界纪录、85项奥运会纪录。当凯旋的号角吹响的时候，让我们向取得优异成绩的运动员表示热烈的祝贺！向所有参加比赛的运动健儿致以崇高的敬意。同时，也让我们向为此付出辛勤劳动的媒体记者和工作人员表示衷心的感谢！

"同一个世界，同一个梦想"，今天的世界需要相互理解、相互包容、相互合作、和谐发展。北京奥运会是世界对中国的信任，不同国家、地区，不同民族，不同文化的人们组成了团结友爱的奥林匹克大家庭，加深了了解，增进了友谊。

中国人民用满腔热情兑现了庄严的承诺，实现了"绿色奥运、科技奥运、人文奥运",留下了巨大而丰富的文化和体育遗产。

　　2008年北京奥运会是体育运动的盛会、和平的盛会、友谊的盛会。

　　朋友们,熊熊燃烧的奥运圣火即将熄灭,但中国人民拥抱世界的热情之火将永远燃烧。在这个时候,我们希望朋友们记住充满生机与活力的北京和各协办城市,记住钟情于奥林匹克运动的中国人民,记住永远微笑、甘于奉献的志愿者。让我们真诚地祝愿奥林匹克运动不断发展。

　　谢谢！ Thank you！

第四篇　专用文书

第十一章 专用文书（一）
——毕业求职文书

第一节 毕业论文

一、毕业论文的概念

毕业论文是高等学校毕业生在临近毕业时，针对本专业领域的现实或理论问题进行科学研究探索后，写成的阐述其学术观点或研究成果的论说性文章。

写作毕业论文是高等学校毕业生完成全部学业的必修科目之一，也是高校的最后一道综合性教学环节，是检验大学毕业生综合运用所学理论、知识、技能进行科学研究，分析、解决实际问题的基本能力的有效手段。高校往往把按要求写出合格的毕业论文作为准予学生毕业的前提条件。因此，高校毕业生应认真对待毕业论文的写作。

二、毕业论文的特点

1. 科学性

毕业论文的科学性体现在毕业论文的内容必须真实、准确地反映事物的客观规律，论文中的材料要真实，不能弄虚作假，论据不能主观臆造，推理要符合逻辑，语言要准确严密。

2. 专业性

毕业论文要针对某一学科、某一领域的现实问题或理论问题进行研究、探索、思考，因此有很强的专业性。

3. 创新性

毕业论文对课题的研究探索，应在前人的基础上有所发展、有所前进，要有作者自己的真知灼见，不能简单重复，甚至抄袭别人的研究成果。

三、毕业论文的写作程序

（一）选题

毕业论文的选题有以下三个原则：

1. 价值性

选题要有科研价值、满足社会需求。

2. 可行性

选题要符合现实的主客观条件。

3. 创新性

选题应有新意，可以是探索新领域、填补空白，也可以是对前人的认识、观点加以补充、完善，甚至是纠正。

总之，要结合所学专业和自己的特长、爱好来选题，这样可以扬长避短，激发写作兴趣。而且要注意，选题不宜过"大"，也就是不能过于高深、宽泛，否则不容易驾驭，且易流于空泛。

（二）搜集资料

确定了选题，就要围绕选题去搜集资料。搜集资料是研究问题的开始，没有资料就无从分析问题。资料可以通过观察、调查、实习、实验等手段直接获得，也可以借助图书馆、档案馆、网络等间接获得。

（三）确立论点

论点要正确、有新意，确定论点后，再根据论点对材料进行筛选。

（四）编写提纲，确定论文基本框架

提纲是文章的蓝图、雏形。拟定提纲是梳理思路、确定层次结构的重要手段。

（五）起草初稿

初稿要遵循提纲来写，如果在写作过程中有新的想法，出现了"亮点"，也可以对提纲进行必要的修改，使其中心更突出，将文章升华到新高度。

（六）修改定稿

毕业论文的修改主要从以下几方面进行：

1. 看观点是否正确，论点是否鲜明。

2. 看论证是否充分，论据是否可靠。

3. 看结构是否完整，详略是否得当，条理是否清晰。

4. 看语言是否准确，标点符号运用是否恰当，文本格式是否规范。

5. 看引用资料是否准确，参考文献标注是否符合要求。

（七）定稿、打印、装订成册

四、毕业论文的结构与写法

毕业论文主要由以下几部分构成：

（一）标题

标题应力求简洁，明确地揭示论文的观点或研究课题。

（二）内容提要

内容提要是毕业论文主要内容的摘录，以二三百字为宜，重点是研究结果和结论。

（三）关键词

关键词又称主题词，是提示论文主题或中心内容的词汇，一篇毕业论文一般选取 3～8 个词汇作为关键词，标注于内容摘要的下一行，词与词之间空一格，但不加标点符号。

（四）目录

目录是在论文正文前按写作顺序标清毕业论文各构成部分的名称和对应页码，以便于指导老师把握论文的主要内容和层次结构。

（五）正文

正文是论文的主要组成部分，它包括绪论、本论和结论三部分。

1. 绪论

绪论也叫前言、引言或导论，它是论文的开头部分。毕业论文绪论的内容，一般包括选题背景、意义和目的，以及本论文所要解决的主要问题等，也可以简明扼要地介绍毕业论文的基本观点、本论部分的基本内容。

2. 本论

本论是论文的核心部分，是分析问题、论证观点的主要部分。本论部分要做到立论正确、论据可靠、论证严密。

本论部分内容多、篇幅长，为使条理清晰，可以给每个层次加小标题。根据层次之间的不同关系，本论部分的结构形式可分为横式结构、纵式结构或纵横交叉式结构三种类型。

3. 结论

毕业论文的结论部分一般要对全文所论证的内容做总结归纳，再次强调或重申中心论点，也可以提出需要进一步讨论的问题和建议。结论部分起收束全文的作用，应简洁有力，给读者留下深刻印象。

（六）致谢辞

对在论文写作过程中给予自己指导和帮助的人表示感谢。

（七）毕业论文的注释与参考文献

1. 注释

注释主要对文章篇名、作者及文内某一特定内容做必要的解释或说明，可夹在文内（加圆括号），也可排在文末。

2. 参考文献

（1）参考文献的著录

论文中，每一文献条目按引文出现的先后顺序以阿拉伯数字连续编码，将序号置于方括号内。一种文献在同一论文中被反复引用，用同一序号标示。需标明引文具体出处的，可以在序号后加圆括号注明页码（中文文献:第××页;英文：p.××）或章、节、篇名。

示例：

文中："宫、商、角、徵、羽，杂比曰音，单出曰声。"［1］(《史记·乐书》：第1180页）

文末：[1] 司马迁. 史记[M]. 北京：中华书局，1974.

（2）参考文献类型

根据 GB/T7714—2015《信息与文献 参考文献著录规则》规定，文献类型和标识代码：

M——普通图书

C——会议录

G——汇编

N——报纸

J——期刊

D——学位论文

R——报告

S——标准

P——专利

DB——数据库

CP——计算机程序

EB——电子公告

A——档案

CM——舆图

DS——数据集

Z——其他

电子资源载体和标识代码：

MT——磁带（magnetic tape）

DK——磁盘（disk）

CD——光盘（CD-ROM）

OL——联机网络（online）

（3）参考文献的标注

参考文献条目列于文末，其标注内容和标注格式因文献类型不同而有所差异。

①专著、论文集、学位论文、研究报告

［序号］作（编）者．题名［文献类型标识］．出版地：出版者，出版年．

示例：［1］钱仁平．中国小提琴音乐［M］．长沙：湖南文艺出版社，2001.

②期刊文章

［序号］作者．题名［J］．刊名，年，卷（期）：起止页码．

示例：［2］陈鸿铎．谈马勒《第一交响乐》的音乐创作［J］．中央音乐学院学报，2000，81（4）：39-47.

③报纸文章

［序号］作者．题名［N］．报纸名，出版日期及期号（版次）．

示例：［4］史君良．围绕旋律婉转歌唱［N］．音乐周报，2002-11-215（3）.

④电子文献

［序号］作者．题名［电子文献及载体类型标识］．电子文献的出版者或可获得地（网）址，发表或更新日期/引用日期（任选）．

示例：［5］王明亮.关于中国学术期刊标准化数据库系统工程的进展［EB/OL］. http://www.cajcd.cn/pub/wml.txt/980810—2.html,1998-08-10-04.

⑤各种未定类型的文献

［序号］作（编）者.题名［Z］.出版地：出版者,出版年.

示例:［6］温廷宽,王鲁豫.古代艺术辞典［Z］.北京:中国国际广播出版社,1989.

⑥外文文献

引文及参考文献中的论文排序方式基本同中文文献；书名及刊名用斜体字,期刊文章题名用双引号；是否列出文献类型标识号及著作页码（论文必须列出首尾页码）可以任选；出版年份一律列于句尾或页码之前（不用年份排序法）。

示例：

［7］Nettle, Bruno. The Study of Ethnomusicology : Twenty-nine Issues and Concepts［M］. Urbana and Chicago : University of Illinois Press, 1983.

［8］Harrison, Frank. "Universals in Music : Towards a Methodology of Comparative Research". Word of Music, 1977, 19(1-2) : 30-36.

外文文献一定要用外文原文表述（也可在原文题名之后的括号内附上中文译文）,切忌仅用中文表达外文原义。

示例：

对:［9］Rees, Helen. Echoes of History : Naxi Music in Modern China［M］. New York : Oxford University Press, 2000.

对:［9］Rees, Helen. Echoes of History : Naxi Music in Modern China(历史的回声：当代中国的纳西音乐)［M］. New York : Oxford University Press, 2000.

误:［9］李海伦.历史的回声:当代中国的纳西音乐.纽约:牛津大学出版社,2000.

第二节　求职信、简历

一、求职信

（一）求职信的概念

求职信是求职者向用人单位介绍自己的基本条件、专业技术水平和能力特长，表达自己的求职愿望的一种专用文书。

求职信是求职者谋求职位的一种重要工具和手段。多数用人单位都要求求职者先寄送求职材料，用人单位通过求职材料对众多求职者进行初步的筛选，然后再通知通过初选的人参加面试。因此，求职信写得好不好将直接关系到求职者是否能进入下一轮的角逐。

（二）求职信的特点

求职信除具有一般书信的特点外，还具有以下特点：

1. 针对性

所谓针对性，就是求职者要针对招聘单位的用人需求进行自我推介，要向用人单位证明自己能胜任所应聘的岗位。因此，在发出求职信之前，应聘者最好能对所应聘的单位、岗位有所了解，弄清应聘的该岗位需要求职者具备哪些能力。许多人的求职信发出后，如石沉大海，其中一个重要的原因就是缺乏针对性。

2. 真实性

诚信是用人单位对求职者的一致要求，因此求职者在求职信中对自己基本条件、能力特长的介绍必须实事求是、准确客观，不能弄虚作假或夸大其词。

3. 独特性

求职就是竞争，要想在众多求职者中胜出，就要有自己的特色，因此求职信不能千人一面，毫无个性。

4. 简洁性

求职信过长不仅会让招聘方厌烦，同时也说明求职者的概括能力不强，因此求职信语言要简洁，篇幅在千字左右为宜，相关信息介绍清楚即可。

（三）求职信的结构与写法

求职信一般由标题、称谓、问候语、正文、祝颂语、落款、附件几个部分组成。

1. 标题

直接写"求职信"即可。

2. 称谓

在标题下一行顶格书写，后加冒号，一般写作"尊敬的××公司人事处（人力资源部）负责人"。

3. 问候语

在称谓下一行空两格书写，常用"您好"问候对方。

4. 正文

问候语的下一行空两格开始写正文，求职信的正文部分包括开头、主体和结尾三部分。

（1）开头

求职信的开头要写明求职缘由，主要包括两方面内容。一是简要说明获得招聘信息的渠道，如"最近在××报纸上看到了贵公司的招聘启事"；二是明确表示自己的求职意向。

（2）主体

这一部分是求职信的关键，要针对所应聘的岗位有针对性地做自我推介。其内容主要包括以下几方面：

①求职者的基本情况，包括姓名、性别、年龄、籍贯、民族、身体状况、政治面貌及毕业院校、专业、学历、学位等。

②求职者的能力、特长、兴趣爱好等。包括学习的主要课程及成绩、专业操作技能、社会实践经历、工作经验、工作成绩、个人兴趣爱好、性格特点及获奖情况等。这部分是求职信的重要内容，要重点说明。

③求职者求职的具体要求，如招聘方应提供的工作环境、工作条件、薪酬水平等。

（3）结尾

结尾部分一般进一步强调自己的求职愿望，简要说明如被聘用后的工作态度及求职者的联系方式等。

5. 祝颂语

一般写"此致""敬礼"即可。

6. 落款

在正文右下方写求职者姓名、日期。

7. 附件

求职信后面一般要附有个人简历、学历学位证书、各类资格证书及获奖证书的复印件、各科成绩单等。

二、简历

（一）简历的概念

简历，顾名思义，就是对个人学历、经历、特长、爱好及其他有关情况所作的简明扼要的书面介绍。

简历旨在证明自己具备某些资历、能力，是自我推荐的必备资料，写得成功与否，在一定程度上直接影响求职应聘的成败。简历多采用表格形式。

（二）简历的结构和内容

从形式上看，一份完备的简历应包括封面和正文两部分。

1. 封面

写清楚标题、姓名、毕业院校、专业、联系方式。标题直接写"个人简历"即可。封面的版式设计要美观大方有创意，但忌过于花哨。

2. 正文

简历的正文主要包括以下几方面内容：

（1）个人基本情况：姓名、性别、出生年月、籍贯、民族、身体状况、政治面貌及毕业院校、专业、学历、学位、联系地址及邮编、联系电话和 E-mail 等。

（2）求职意向：表明自己应征的职位。

（3）教育背景：按时间顺序写明每段学习经历的起止时间、学习的主要课程及相关的培训等。一般是由后往前写，即将最近获得的学位或最高学历写在最前面。

（4）工作实践经历：这是简历中重要的部分，也是用人单位重点阅读的内容。如果是初次求职的大学毕业生，着重写实习、实训、勤工俭学、兼职经历等；如果是有过工作经历的，要依次写明每个工作的起止时间、工作单位、职务、工作内容、主要成绩等。

（5）个人能力：外语、计算机、普通话、写作能力、书法、绘画、摄影、音乐、舞蹈、车辆驾驶技术等。要选择和岗位需求相关的能力、特长做介绍。

（6）资格证书：已取得的各种资格证书的准确名称、颁发部门、取得时间。

（7）获奖情况：以往曾获得的荣誉称号、奖励等。要写明荣誉称号和奖励的授予单位、获得时间、准确名称。

（8）自我评价：简要介绍自己的为人处世风格、原则、个性特征等。

3. 附件

在简历后附上相关证明材料。

三、求职信和简历的写作要求

1. 有的放矢，突出所长。由于不同的单位、不同的职位对求职者有着不同的要求，所以不论求职信还是简历，都要有针对性地进行设计和准备，要突出自己所具备的岗位需要的实践经历、经验与成果等，做到有的放矢，这样才能在激烈的求职竞争中获得理想的结果。

2. 自我评价应实事求是，恰如其分，不能自视甚高，也不必妄自菲薄。

3. 言简意赅，谦恭有礼。

4. 格式规范，没有文字错误。

四、例文

【例一】

求职信

××公司人力资源部负责人：

  您好！

  近日，从《××日报》上看到贵公司的招聘启事，得知贵公司急需几名信息工程方面的人员，我有意应聘这一职位。

  我叫高××，男，1998年4月6日出生，2019年7月毕业于××邮电职业技术学院电信工程系通信工程专业，专科学历。

  在校期间，我以较好的成绩完成了专业规定的各门课程的学习（所学的课程及成绩单见附件），并自学了邻近专业和相关学科的一些课程，主要有"数字信号处理""随机过程""数值分析""移动通信""数字图像处理技术""纠错码"等。除此之外还涉猎了"编码调制理论""综合业务网""卫星通信""统计无线电技术"等方面的知识，使自己能够适应现代技术的发展，为从事相关工作打下了良好的基础。

在技术实践方面，除了圆满完成学校所规定的实习和课程设计外，我还加入了学校的科技协会。作为科技协会的会员和负责人，我组织和参加了协会的各项科技活动，如电子制作竞赛、校外无线电义务维修等，曾经亲自设计和制作过数字报时钟、抢答器、电子门锁、无线对讲机等多种小电器，在实践中积累了一些经验。××××年获得"全国第一届电子设计大赛××省赛区三等奖"。

虽然我的学历不高，但我非常热爱自己的专业，通过几年的课内和课外的学习和积累，我对自己的专业知识和专业技能非常有信心。我真诚地希望能成为贵公司的一员，恳请贵公司可以给我这个机会，我一定会以饱满的工作热情、认真负责的工作态度、拼搏进取的精神尽职尽责做好本职工作，为贵公司的发展尽自己的绵薄之力。

此致

敬礼！

高××

2019年7月20日

【例二】

个人简历

基本情况	姓名	×××	性别	男	民族	汉	照片
	出生日期	1998年7月19日	政治面貌	团员			
	户口所在地	××省××市××区					
	毕业院校	××工程学院					
	专业	工程造价	学历	本科	学位	工学学士	
	联系电话	××××××××××	E-mail	××××××××××			
	通讯地址	××市×××街××号			邮编	×××××	

求职意向	可胜任工程造价咨询、工程招投标、工程建设等相关岗位工作。
所学课程	略

实践经历	起止时间	单位	部门	岗位职责

个人能力	2017年通过国家计算机二级考试。有较强的计算机操作和维护能力。 2018年通过国家大学英语六级考试。有较强的阅读、写作能力。
获奖情况	2018年度获校三等奖学金。2014年获校级三好学生称号。
兴趣爱好	篮球、书法。
自我评价	为人正直、热情，性格开朗，工作踏实、认真，有较强的责任心和良好的组织能力、沟通能力和团队协作能力。勇于迎接新挑战。

第十二章　专用文书（二）
——经济类文书

经济文书广泛地应用于经济领域，是处理经济事务、传递经济信息、研究经济问题、反映经济活动时所使用的专业文书。作为信息的载体，经济文书不仅是传达贯彻党和国家经济方针政策的重要工具，还是企业与企业之间、部门与部门之间互相联系、协同运作的纽带。

作为对经济问题、经济活动的调查、分析、研究结果的体现，经济文书可以使政府、企业及时掌握经济活动的真实状况，以及导致这种状况的诸多因素，获得对市场、对经济活动的理性认识和科学判断，发现经济工作中存在的问题和不足，从而为政府和企业准确把握经济规律，制定、调整经济计划、经济政策，改善经营结构，降低经营风险，提高管理水平提供重要依据，保障经济工作在健康的轨道上运行。因此，可以说，经济文书既是企业加强经营管理、提高经济效益的重要手段，也是国家有关部门做好宏观调控的重要参考。

第一节　市场调查报

一、市场调查报告的概念

市场调查报告是指运用科学的方法，有目的、有计划地对市场供求关系、购销状况及消费者的购买力、购买意向、购买习惯、购买心理等情况进行调查、分析、研究，从而得出科学结论后形成的书面报告。市场调查报告是调查报告的一种，也是市场信息的重要载体。

二、市场调查报告的特点

1. 真实性

市场调查报告要真实反映市场现状。市场调查要深入细致，材料收集要全面翔实，分析判断要客观准确，避免走马观花、主观臆断。

2. 针对性

市场调查的内容虽然十分广泛，但每一次的市场调查必须有明确的目的。可选择产、供、销中的某个环节、某个方面、某个问题开展有针对性的调查、研究、分析，这样写出的市场调查报告才更有价值。

3. 时效性

市场状况瞬息万变。市场调查报告必须迅速、及时地反映市场的变化，以便经营者及时把握市场动向，不失时机地做出相应决策，提高企业的应变能力和竞争能力，求得经济效益的最大化。一旦市场调查报告丧失了时效性，也就失去了其意义和价值。

4. 指导性

市场调查报告是企业决策的重要依据，它可以帮助企业准确把握市场脉搏，使企业及时发现生产、经营、销售、服务等方面存在的问题，促进企业新产品的开发，指导企业健康发展。

三、市场调查报告的类型

根据调查内容的不同，市场调查报告可分为以下几种类型：

1. 对产品情况的市场调查

这类市场调查报告，主要调查产品的规格型号、价格、用途、质量、使用寿命，以及消费者对产品设计、包装的评价等。

2. 对市场需求的市场调查

这类市场调查报告，主要是调查市场的需求状况、需求趋向和影响需求量的因素等情况，如消费者的分布、购买意向、购买力、购买动机、潜在需求量、消费支出比例及变化趋势等。

3. 对销售情况的市场调查

这类市场调查报告，主要是调查产品的销售情况，包括不同产品、不同地域、不同业态的销售量、销售潜力、销售渠道、销售人员、产品储运、影响销售的因素等。

4. 对竞争对手的市场调查

这类市场调查报告，主要调查竞争对手的生产水平、经营特点、新产品开发等情况，如同类企业产品的品种、价格、质量、性能、销售量、市场占有率、促销手段、广告投入等。

四、市场调查常用的方法

1. 观察法

调查者直接到现场观察、记录相关调查内容（如不同品牌、不同型号产品的价格），以获取第一手资料。这种方法简便易行，但调查范围有限，调查者容易被表面现象迷惑。

2. 询问法

根据事先确定的调查问题或设计好的调查问卷，调查者以口头或书面方式询问被调查者，直接了解被调查者的意见、建议。这种方法要求调查者准备充分，问题设计合理简洁，问卷设计科学全面。其方式有个别访问、开座谈会、电话询问、邮件调查等。询问法操作简便，所获得的信息量大，是市场调查中用得最多的方法之一。

3. 试验法

又称样品征询法，是指在一定条件下，通过实验对比，观察研究市场中某些量变的因果关系的调查方法。如为了解某种产品设计是否满足市场需求，可以先做小规模的试验，再根据市场调查反馈的信息来决定是否扩大生产和大范围推广。产品试用装、试销会、展销会、看样订货会等其实都是试验法的市场调查，此方法使产需双方直接见面，信息反馈快。

4. 统计分析法

即将企业的销售情况表、会计报表及政府机关、金融机构、科研院所在报刊上发表的市场信息、经济情况等资料进行汇总统计分析的方法。它在一定程度上可以使企业了解目前的产品及现行的经营策略是否适应市场需要。

五、市场调查报告的结构与写法

（一）标题

市场调查报告标题的写法主要有三种：

1. 公文式

一般由调查对象、调查内容和文种组成，如《关于大学生消费情况的调查》。

2. 文章式

一般或点明报告的主要内容，或表明作者观点、报告主旨，如《如何引导网络文化健康发展》。

3. 正、副标题式

一般正标题揭示调查报告主旨,副标题说明调查对象、调查内容和文种,如《不能做历史的罪人——西双版纳热带森林保护情况调查》。

（二）正文

市场调查报告的正文一般由前言、主体和结尾三部分组成。

1. 前言

前言一般用来概括介绍开展市场调查的基本情况,包括调查背景、目的、意义、时间、地点、调查主体、对象、范围、内容和方法等。

2. 主体

主体部分是市场调查报告写作的重点和核心,一般分三个层次：

（1）调查所得。主要从不同方面或不同角度写明调查所获取的资料信息,必要时可以用图表、图像、数据加以说明。

（2）分析原因。这部分主要对调查资料进行分析研究,揭示本质规律、指出存在的问题及造成问题的原因,得出符合市场发展规律的结论。

（3）意见或建议。这部分主要针对调查中发现的问题提出解决办法或者应采取的措施等。

3. 结尾

结尾一般用来总结全文,强调调查的重要意义或收获,重申报告主旨。如果主体部分已表述完整,结尾部分也可省略。

六、市场调查报告的写作要求

1. 材料客观准确

市场调查报告必须用事实说话,保证材料真实、数据可靠,不能杜撰虚构、弄虚作假。

2. 分析透彻有力

市场调查报告不是调查材料的堆积罗列,而是要综合运用各种科学方法和原理进行全面、深入、细致的归纳分析,揭示市场活动的本质规律,但同时又要重点突出,避免贪大求全、面面俱到。

3. 语言准确简练

市场调查报告的语言要力求简练准确、要言不烦。

第二节　市场预测报告

一、市场预测报告的概念

市场预测报告是根据市场调查及相关资料，以科学的方法对市场发展过程及未来的变化趋势进行分析、研究，并做出预测的书面报告。

二、市场预测报告的特点

1. 预见性

即对未来一定时期内市场的发展变化趋势做出预测判断，预测越准确，市场预测报告的价值越大。

2. 科学性

市场预测不是凭空猜测，它要以科学理论为指导，以科学的预测方法为保证，根据事物的内在联系，在掌握大量的市场信息资料的基础上，努力做出符合未来客观实际的分析判断。

三、市场预测报告的类型

根据不同的划分标准，可以将市场预测报告分成不同的类型。

1. 按预测范围，可分为宏观预测报告和微观预测报告。
2. 按预测内容，可分为生产预测报告、销售预测报告、成本预测报告、社会购买力预测报告等。
3. 按预测方法，可分为定性分析预测报告和定量分析预测报告。
4. 按预测时间，可分为长期市场预测报告、中期市场预测报告和短期市场预测报告。

四、市场预测报告的结构与写法

（一）标题

市场预测报告的标题主要有两种写法，一是公文式，通常包括预测范围、预测时限、预测对象和文种四部分，如《北京市2021年5G手机销售形势预测》；二是采用新闻式标题的写法，直接揭示预测报告的主题，如《亚洲IT市场将逐步复苏》。

（二）正文

市场预测报告的正文一般包括以下三个部分：

1. 前言

简要说明预测动因、目的、时间、地点、对象、范围、方法等，或概述全文内容要点，提出预测结果。

2. 主体

主体部分是市场预测报告的核心，一般包括以下内容：

（1）基本情况：介绍预测对象的历史和现状，为分析预测提供依据，帮助人们理解和接受预测结论。写作中常用叙述和说明的表达方式，并大量使用数据和图表来增强预测的说服力。

（2）分析预测：在对资料进行综合分析、缜密计算和科学推断的基础上，对市场发展趋势做出合理的、科学的预测。结构安排上，如果内容较多，可分条阐述。这部分内容是市场预测报告的重点。

（3）建议措施：根据预测结果提出意见或建议，为经营决策提供依据。建议措施要具有针对性、可行性。

3. 结尾

或总结全文，或强调重点，或提出希望，也可省略结尾部分，自然收束。

五、市场预测报告的写作要求

1. 信息准确全面

信息是预测的基础，只有掌握大量的、准确的有关市场活动的数据、资料，才有可能从现象中揭示市场发展变化的本质规律。

2. 预测科学合理

要使用科学的预测方法，对资料进行科学的分析、测算、研究，才能对未来市场的走向做出尽可能科学合理的判断，不能以偏概全或仅凭主观想象做预测。

3. 建议具体可行

预测未来是为了把握未来，所提意见和建议只有切合实际才具有可行性，预测也才有意义和价值。

六、市场预测报告和市场调查报告的联系与区别

（一）联系

市场调查是市场预测的手段和基础，没有深入的调查就不能做出准确的预测。

（二）区别

1. 写作对象不同

市场调查的对象是过去和现在已经存在的经济现象，而市场预测的对象则是尚未形成的经济现象。

2. 写作目的不同

市场调查主要通过了解市场过去和现在的情况，总结经验、发现问题、掌握市场营销状况及发展变化规律；市场预测通过预测市场供求的变化趋势，帮助企业把握市场的将来。

3. 写作方法不同

市场调查报告一般通过现场调查或抽样调查获取资料，然后加以分析整理得出结论；市场预测报告则主要根据统计资料，通过数学分析，预测市场的未来走向。

七、例文

5G，未来10年的十大趋势预测

5G网络作为新型基建的底层技术，有望带来整个信息基础设施的革命性升级。我们认为5G网络和人工智能、云计算、物联网将会构成新的网络基础设施，用于收集和处理海量连接产生的庞大数据资源。

在网络基础设施构建了强有力的平台之后,海量数据将在各个场景产生。通过强大的新无线网络,更多的环境数据、政府及企业的运营管理数据、个人及家庭活动数据将被发掘和输入,这为大数据的发展了提供丰富的资源。

快速增长的数据量将对大数据的分析和应用带来从量变到质变的影响。大数据分析的成果将通过大规模的云服务应用在环境管理、政府和公司运作、个人生活领域,催生出更多的新社会运作模式。我们总结为十个主要的发展趋势。

趋势一:教育娱乐化,娱乐教育化

教育和娱乐作为对立面的观点已经深入人心,我们认为主要原因在于:

教育内容缺乏定制化。教育内容通过教材的制定实现了高度的统一,学习的过程也因为学校而很难实现定制化,因此无法按照个人的兴趣进行调整,导致内容缺乏吸引力。

娱乐内容缺乏系统化。娱乐本身也蕴含着教育内容,但是都是碎片化的,无法实现教育系统性的知识传递。

我们认为5G带来的改变首先是对密集劳动力的进一步解放,通过工业互联网和人工智能现代自动化作业的升级,更多的劳动力向内容创造和服务业转移。

其次是大数据和云服务带来的内容高度定制化,解决了教育内容缺乏定制化和娱乐内容缺乏系统化的弊病。

最后是新科技带来的内容获取方式的变化,深度结合AR、VR带来教育娱乐的新体验。因此,我们判断,未来教育和娱乐的发展方向不是背道而驰,而是逐渐走向融合。

趋势二:高质量个性化服务全面普及

目前,定制化的私人服务广泛存在于金融、交运、餐饮等服务行业。

我们认为从需求端而言,消费者对高质量的定制化服务需求旺盛;但是从供给端而言,高质量的定制服务成本较高,难以有大规模普及的经济基础。

5G大规模普及之后,数据的爆发式增长,对个体行为有了更加精确的刻画,从而降低了定制化服务的成本。

随着物联网和人工智能的发展,普通劳动力和服务逐渐被技术所替代。

消费从大规模标准化服务变为个性化或定制化精细服务,导致很多行业发生根本性转变。例如,医疗从治疗变成了健康干预、保险业根据大数据全面推广定制化服务、私人银行全面普及。

趋势三：人口老龄化不再是问题

人类的预期寿命受到医疗水平的影响。但是目前的医疗手段都是事后治疗，尚未实现事前干预。

大规模事前干预的医疗手段需要大数据的支持，我们认为5G时代万物互联的数据基础可以提供更多的环境和个人数据支持。

个人可穿戴设备的普及。通过记录用户更多的活动数据，构建医疗大数据的基础，帮助用户实现早发现、早预防、早治疗。

生活环境监测和管理水平提升。通过广泛的物联网连接，实现生活环境的全面数字化，减少环境对人的健康的影响。

医疗资源可以打破区域限制。因为优质的医疗资源集中在大城市内，中小城市及农村的居民获取优质医疗资源难度较大。5G、VR/AR技术不仅可以在医疗教育上实现优质资源的复制和扩散，也可以实现远程医疗、手术等降低医疗资源流动的成本。

所以，我们认为人类的健康管理水平会出现大幅提升，寿命会明显延长。

同时，基于5G网络的AI或机器人可以替代大部分目前由人力进行的生产和服务，导致更多劳动力的解放。

趋势四：大规模标准化产品时代走向终结，商业模式创新更加重要

技术差距带来的产品和服务差异正在被逐步缩小，互联网的创新越来越聚焦于模式和服务的创新。我们认为5G技术的普及为企业的模式和服务创新提供了新的发展空间。

3G和4G时代，硬件的优势可以明显地影响市场竞争。对于硬件设备的研发是产业链关注的焦点，但是4G时代后期，互联网公司的崛起不断削弱了硬件设备的话语权。互联网公司凭借庞大的用户群体不断整合和统一设备标准，提供标准化的服务体验。

5G时代，这种趋势会加剧。以高质量、大规模服务为主阵地的公司将会更加深入地渗透到商业和生活中，加速消除技术差距造成的服务差距。同时，高质量的服务一定是定制化的，按照用户的实际需求设计服务内容。

因此，未来的大公司，一定是通过商业模式创新大规模提供高质量服务的公司。

趋势五：产业工人被取代

5G网络会带来人工智能和工业自动化的全面升级，减少了生产活动对劳动密集型工人的需求，因此我们认为劳动力的结构将会发生明显的变化。

物联网的发展为自动化生产提供了数据和管理支持，对智慧农业、智能制造的发展影响巨大。

5G 网络帮助远程作业和制造自动化技术快速升级，使得大规模制造企业的制造过程更加智能，减少对生产线工作人员的需求。

因此我们认为，5G 网络的发展将加速产业智能化、自动化的发展，减少对传统劳动密集型劳动力的需求。

趋势六：警察越来越少

警察是传统城市管理的一个明显特点，象征以人力为主的政府的日常管理活动。我们认为 5G 时代的智慧城市，以及伴生的更加智能的城市管理生态系统，将减少城市管理的需求。管理职能将转变为计划职能。

以交通为例，交通警察的存在是为了管理交通，因为传统技术没有办法对路况、车辆、人员进行实时的监控和数据管理。

车联网，即将车辆与互联网进行连接的技术手段，允许车辆采用自动驾驶技术，及时对大量信息进行处理，并和其他主体（包括其他车辆、路况、人和互联网）进行实时的信息交换。因此，即使不存在交警，相关部门也可以对城市的交通状况进行实时管理。

我们认为由于 5G 网络的发展，智慧城市会快速发展，环境管理、交通管理、社会管理将全面升级。社会的犯罪率和意外伤害事故率大幅降低，公共服务更加智能便利。这会导致政府的"轻资产"转型，政府从日常繁重的管理职能中解放出来，聚焦于政策的制定和执行。

趋势七：预测和预防自然灾害成为可能

目前对于自然灾害的预测和预防仍然道阻且艰，很多自然灾害仍然给人们带来巨大的人身和财产损失。对自然灾害的预测能力取决于我们对自然的了解程度，但是受制于数据量的局限，我们对自然的了解程度很难深入。

在 5G 时代，大规模的物联网技术解决了数据的获取问题，我们获取的自然环境数据将大大增加，在气象水文、地质生态等领域的研究都会在大数据的帮助下找到新的突破口。因此，我们认为人类对环境的监测和管理能力都会得到明显的提升。极端自然灾害造成的损失将得到控制。

趋势八：政府成为数据服务的最大采购方

由于 AI、自动化、信息化的推动，政府的具体管理和服务职责有一定的减轻。政府工作的核心变为政策的制定和执行。

政府规模变小。因为政府在具体的社会管理方面负担变轻，因此政府会和农业、工业一样，减少人力密集型的基础劳动力，而是以数据的分析和政策的制定为主。

政府的信息化和智能化。更多的政府职能开始借助5G网络实现云化，实现数据的收集、分析和处理，通过大数据分析实现更有效的政策制定和执行。

我们认为数据的采集、处理、统计和分析将会由第三方的专业公司承担，因为目前第三方公司可以通过庞大的用户基数和现有的用户服务降低获取信息的边际成本。而政府只需要从专业公司购买数据产品，制定相应的政策即可。

趋势九：网络出现去中心化

目前的互联网是以人为节点构建的，网络之间的联系以人际关系作为纽带。在这种架构下，我们的网络呈现"中心化"的结构。关键的用户、用户聚集的公司成为超级节点。互联网中的超级节点具有巨大的经济价值，因为互联网的流量都会经过节点，掌握节点就抓住了用户。

5G时代的物联网将会打破目前构建的互联网架构，因为物与物之间的沟通不会像人与人交流那样存在超级节点。随着物联网产生的数据量出现爆发式增长，我们的网络将会变得更加的扁平化和个性化。

中心化的网络架构容易提供集约化的标准服务，而扁平化的网络数据有了更多交汇和碰撞的机会，为定制化的服务提供了空间。因此，我们认为未来网络会出现去中心化，这会给以中心化平台的流量红利为主要竞争力的公司带来发展压力。

趋势十："中关村"取代"硅谷"成为全球创新中心

5G网络是一个万物互联的网络，网络红利的关键影响因素是网络的规模，即背后的使用人口、物联网的连接数量以及产生的流量总量。有了数据基础，产品和服务的创新才有了可持续的推动力。

我们认为以"中关村"模式为代表的公司，凭借着巨大的网络规模，在商业模式上的创新会引领未来全球经济的发展潮流。以"硅谷"为代表的科技创新，是3G/4G时期以硬件制造和软件互联网服务为代表的全球创新中心，而以"中关村"为代表的创新，将会以数据为基础，通过商业模式创新提供高质量大规模的定制化服务，引领创新潮流。

科研和创新机构及人才希望能够置身于全球最大的5G网络进行科研和创新。最大的5G网络意味着最多的人口、物联网连接数和模式创新，将引发新的创业潮。

（来源：融合创新，有删改）

第三节 经济合同

一、经济合同的概念

合同是平等主体的自然人、法人、其他组织之间设立、变更、终止民事权利义务关系的协议。为实现经济目的而订立的合同就是经济合同。

二、经济合同的特点

1. 合法性

订立经济合同,必须遵守法律和行政法规。任何单位和个人不得利用合同进行违法活动、扰乱社会经济秩序,损害国家利益和公共利益,牟取非法收入。

2. 规范性

经济合同的主要条款和不同种类的经济合同所应包含的主要内容,在《中华人民共和国经济合同法》中都有明确规定。经济合同示范文本的推行对经济合同格式的规范性要求也更为严格。

3. 制约性

依法签订的经济合同对当事人具有同等的法律约束力,各方当事人必须严格履行合同内容,否则就要承担违约责任。

三、经济合同的类型

依据不同的标准,经济合同可以划分为以下不同的类型:

1. 按内容分,有购销合同、供用电(水、气、热力)合同、赠予合同、借款合同、租赁合同、融资租赁合同、承揽合同、建设工程合同、运输合同、技术合同、保管合同、仓储合同、委托合同、行纪合同、居间合同等。

2. 按形式分,有条款式合同、表格式合同、条款表格结合式合同。

3. 按期限分,有长期合同、中期合同、短期合同。

4. 按合同是否立即交付标的物分,有诺成合同和实践合同。诺成合同即订立合同后不马上交付标的物的合同,如建设工程合同;实践合同即合同订立后立即交付标的物的合同,如借款合同。

5. 按合同主体的数量分，有双边合同、多边合同。

四、经济合同的结构与写法

经济合同由标题、立合同方、正文和落款几部分组成。

（一）标题

标题即合同名称，提示合同的性质、种类，如《建筑工程承包合同》《购销合同》等。

（二）立合同方

写明签订合同的双方或多方当事人的准确名称。

（三）正文

1. 前言

简要写明订立合同的目的、依据。

2. 主体

主体是经济合同的核心部分，其内容主要包括：

（1）标的物。标的物是合同当事人权利义务所共同指向的对象，标的物可以是实物、货币、劳务、智力成果等，标的物必须明确、具体。

（2）数量和质量。数量是标的物的具体数值指标，不仅数字要准确，计量单位也要精确；质量是标的物的性质和特征，包括规格型号、技术标准、质量等级、检测依据、保质期、包装要求等。

（3）价款或酬金。价款或酬金是合同标的物的价值体现，是合同一方以货币形式取得对方商品或接受对方劳务所应支付的代价。合同要明确单价、总金额、计算标准、计算方法、币种等。

（4）履行期限、地点和方式。履行期限是指合同当事人一致约定的合同兑现的时间；履行地点是指当事人交付、提取标的的场所；履行方式是指当事人履行合同的方式方法，主要包括标的物的交付方式和价款的给付方式。

（5）违约责任。违约责任是指合同当事人不能履行或不能全部履行经济合同时所要承担的经济责任和法律后果，通过支付违约金、赔偿金、逾期保管费等方式体现。

3. 结尾

结尾一般包括免责条款、合同有效期限、合同份数及保管和修订办法、解决争议的方法途径、未尽事宜的处理办法等内容。

（四）落款

正文下方写明合同当事人名称、签章、法人代表、银行账号、签约地点、日期、鉴证机关名称等。

五、经济合同的写作要求

1. 订立经济合同必须遵守国家的法律法规，只有依法订立的合同才是有效的合同，才受法律保护。所以，订立经济合同不仅是一种经济行为，更是一种法律行为。

2. 订立经济合同要坚持平等互利、协商一致、等价有偿的原则，任何一方不得把自己的意愿强加给对方。

3. 经济合同的内容要齐全完备，语言要准确周密，没有歧义。

六、例文

【例一】

房屋租赁合同

出租方（以下简称"甲方"）：_____

承租方（以下简称"乙方"）：_____

根据《中华人民共和国民法典》的有关规定，为明确甲、乙双方的权利义务，经双方协商一致，签订本合同，以资恪守。

第一条　房屋基本情况

甲方将自有的坐落在____市____街____巷____号的房屋____栋____间，建筑面积____平方米，使用面积____平方米，主要装修设备：_____，出租给乙方作____使用。甲方应保证所出租房屋权属清楚，无共同人意见，无使用之纠纷。

第二条　租赁期限

租赁期限自__年__月__日至__年__月__日止。

第三条　押金和租金

该房屋押金__万__千__百__拾__元，月（季、年）租金为（人民币）__万__千__百__拾__元整，租赁期间出租方不得随意调整租金。

第四条 付款方式

租金按月（季、年）结算，由乙方于每月（季、年）的第___个月的___日交付给甲方。先付后用。

第五条 其他费用

乙方在租赁期内实际使用的水费、电费、燃气费、电话费、有线电视费、卫生费、取暖费、物业管理费等费用应由乙方自行承担，并按单如期缴纳。乙方应把已缴纳过的单据复印件交与甲方。水、电、煤气表现数字：水表_____，电表_____，煤气表_____。

在租赁期内，如果发生政府有关部门征收本合同未列出项目但与使用该房屋有关的费用，均由乙方支付。

第六条 维修养护责任

租赁期间，甲方应对房屋及其附属设施定期检查，及时维修，做到不漏、不淹、三通（户内上水、下水、照明电）和门窗完好，以保障乙方安全正常使用。甲方修缮房屋时，乙方应予积极协助，不得阻挠施工。

乙方应按照约定的用途妥善使用并保管租赁房屋及附属设施；如因乙方管理使用不善造成房屋及附属设施受到损坏，由乙方承担责任并赔偿损失。

第七条 关于装修和改变房屋结构的约定

未经甲方同意，乙方不能改变租赁房屋的结构。乙方因使用需要，在不影响房屋结构的前提下，可以对承租房屋进行装饰，但其规模、范围、工艺、用料等均应事先征得甲方同意后方可施工，装饰物的工料费由_____方承担。

第八条 租赁期满

租赁期满合同终止时，乙方应及时返还房屋及附属设施。乙方有意继续租赁房屋的，须提前_____日向甲方提出，甲方如同意继续租赁，则续签租赁合同。

第九条 合同的终止

乙方有下列情形之一的，甲方可终止合同并收回房屋，由此造成的甲方损失，由乙方负责赔偿：

1. 擅自将承租的房屋转租、分租的；
2. 擅自将承租的房屋转让、转借他人或擅自调换使用的；
3. 擅自拆改承租房屋结构或改变承租房屋用途的；
4. 拖欠租金累计达_____个月或欠缴各项费用达_____元的；
5. 利用承租房屋进行违法活动的，损害公共利益的；

6.故意损坏承租房屋的。

租赁期间,任何一方提出终止合同时,需提前_____日通知对方,经双方协商后签订终止合同书,在终止合同书签订前,本合同仍有效。

第十条 违约责任

租赁期间双方必须信守合同,任何一方违反本合同的规定,须向对方交纳月(季、年)租金的_____%作为违约金。乙方逾期未交付租金的,每逾期一日,甲方有权按月租金的_____%向乙方加收滞纳金。

第十一条 免责条件

1.房屋如因不可抗拒的原因损毁或造成乙方损失的,甲乙双方互不承担责任。

2.因市政建设需要拆除或改造已租赁的房屋,使甲乙双方造成损失,互不承担责任。

因上述原因而终止合同的,租金按实际使用时间计算,多退少补。

第十二条 争议解决的方式

本合同在履行中如发生争议,双方应协商解决;协商不成时,任何一方均可向房屋租赁管理机关申请调解,调解无效时,可向市工商行政管理局经济合同仲裁委员会申请仲裁,也可以向人民法院起诉。

第十三条 其他事宜

本合同未尽事宜,由甲、乙双方另行议定,并签订补充协议。补充协议与本合同具有同等效力。

本合同一式4份,其中正本2份,甲乙方各执1份;副本2份,送市房管局、工商局备案。

出租方(甲方):(盖章)　　　承租方(乙方):(盖章)

身份证:　　　　　　　　　　身份证:

地址:　　　　　　　　　　　地址:

　　　　年　月　日　　　　　　　　年　月　日

【例二】

货物运输合同

托运方:_____

承运方:_____

根据《中华人民共和国合同法》的有关规定,经双方协商订立本合同,以资共同遵守。

第一条 货物名称、规格、数量、价款

货物编号	品名规格	单位	单价	数量	金额（元）

第二条 包装要求托运方必须按照国家主管机关规定的标准包装；没有统一规定包装标准的，应根据保证货物运输安全的原则进行包装，否则承运方有权拒绝承运。

第三条　货物起运地点：_____

　　　　货物到达地点：_____

第四条　货物承运日期：_____

　　　　货物运到期限：_____

第五条　运输质量及安全要求：_____

第六条　货物装卸责任和方法：_____

第七条　收货人领取货物及验收办法：_____

第八条　运输费用、结算方式：_____

第九条　各方的权利义务

一、托运方的权利义务

（一）托运方的权利

要求承运方按照合同规定的时间、地点，把货物运输到目的地。货物托运后，托运方需要变更到货地点或收货人，或者取消托运时，有权向承运方提出变更合同的内容或解除合同的要求。但必须在货物运到目的地之前通知承运方，并应按有关规定付给承运方所需费用。

（二）托运方的义务

按约定向承运方交付运杂费。否则，承运方有权停止运输，并要求对方支付违约金。托运方对托运的货物，应按照规定的标准进行包装，遵守有关危险品运输的规定，按照合同中规定的时间和数量交付托运货物。

二、承运方的权利义务

（一）承运方的权利

向托运方、收货方收取运杂费用。如果收货方不交或不按时交纳规定的各种运杂费用，承运方对其货物有扣押权。查不到收货人或收货人拒绝提取货物，承运方应及时与托运方联系，在规定期限内负责保管并有权收取保管费用，对于超过规定期限仍无法交付的货物，承运方有权按有关规定予以处理。

（二）承运方的义务

在合同规定的期限内，将货物运到指定的地点，按时向收货人发出货物到达的通知。对托运的货物要负责其安全，保证货物无短缺、无损坏、无人为变质，如有上述问题，应履行赔偿义务。在货物到达以后，按规定的期限，负责保管。

三、收货人的权利义务

（一）收货人的权利

在货物运到指定地点后有以凭证领取货物的权利。必要时，收货人有权向到站，或中途货物所在站提出变更到站或变更收货人的要求，签订变更协议。

（二）收货人的义务

在接到提货通知后，按时提取货物，缴清应付费用。超过规定提货时，应向承运人交付保管费。

第十条　违约责任

一、托运方责任

1. 未按合同规定的时间和要求提供托运的货物，托运方应按其价值的_____％偿付给承运方违约金。

2. 由于在普通货物中夹带、匿报危险货物，错报笨重货物重量等而招致吊具断裂、货物摔损、吊机倾翻、爆炸、腐蚀等事故的，托运方应承担赔偿责任。

3. 由于货物包装缺陷产生破损，致使其他货物或运输工具、机械设备被污染腐蚀、损坏，造成人身伤亡的，托运方应承担赔偿责任。

4. 在托运方专用线或在港、站公用线、专用铁道自装的货物，在到站卸货时，发现货物损坏、缺少，在车辆施封完好或无异状的情况下，托运方应赔偿收货人的损失。

5. 罐车发运货物，因未随车附带规格质量证明或化验报告，造成收货方无法卸货时，托运方应偿付承运方卸车等存费及违约金。

二、承运方责任

1. 不按合同规定的时间和要求配车（船）发运的，承运方应偿付托运方违约金_____元。

2. 承运方如将货物错运到货地点或接货人，应无偿运至合同规定的到货地点或接货人。如果货物逾期达到，承运方应偿付逾期交货的违约金。

3. 运输过程中货物灭失、短少、变质、污染、损坏，承运方应按货物的实际损失（包括包装费、运杂费）赔偿托运方。

4.联运的货物发生灭失、短少、变质、污染、损坏，应由承运方承担赔偿责任的，由终点阶段的承运方向负有责任的其他承运方追偿。

5.在符合法律和合同规定条件下的运输，由于下列原因造成货物灭失、短少、变质、污染、损坏的，承运方不承担违约责任：

（1）不可抗力；

（2）货物本身的自然属性；

（3）货物的合理损耗；

（4）托运方或收货方本身的过错。

本合同正本一式两份，合同双方各执一份；合同副本一式＿＿份，送××××××、××××××等单位各一份。

托运方： 承运方：

法人代表： 法人代表：

地址： 地址：

电话： 电话：

开户银行： 开户银行：

账号： 账号：

年　月　日订

第四节　招投标文书

一、招投标文书的概念

招标书是招标人为择优选定项目承包人或合作者而对外公布有关招标项目、范围、内容、条件、要求的文书。投标书是投标人按照招标书的条件和要求，向招标人提出承办或合作申请并出具备选方案的文书。

二、招投标文书的特点

1. 公开性

招标人在公开招标前应将招标标的物、招标意图、招标范围、招标步骤、投标条件等公布于众以使广泛周知,投标者可公开竞争。招标结束招标人要当众公开标底。

2. 竞争性

招标的目的就是选择最佳合作伙伴,因此招标人应尽可能营造最广泛的竞争局面,从而以最小的成本换取最佳的经济效益。

3. 保密性

保密性是指招标书的标底和投标人的投标书在开标前都要保密,不得泄露。

4. 真实性

招投标文书所涉及的内容必须真实,不能搞虚假招标,也不能为中标而夸大自己的实力或编造中标文件。

三、招投标文书的类型

(一)招标书的类型

1. 按招标范围分,有国际招标书和国内招标书;面向全社会的招标书和面向本系统、本单位的招标书;面向本地区的招标书和面向外地区的招标书等。

2. 按招标标的分,有货物招标书、工程招标书、服务招标书等。

3. 按计价方式分,有总价固定的招标书、单价不变的招标书、成本加酬金的招标书等。

4. 按招标形式分,有公开招标书和邀请招标书。公开招标书是指招标人通过报刊、广播电视、网络等媒介发布的招标文书。邀请招标书是指招标人向三个以上具有承标能力、资信良好的法人或其他组织发出的招标文书。

(二)投标书的类型

1. 按投标方人员组成情况分,有个人投标书、合伙投标书、集体投标书等。

2. 按投标标的分,有货物投标书、工程投标书、服务投标书等。

四、招投标文书的结构与写法

招标书、投标书一般都由标题、正文、落款三部分组成，但具体写法和内容不同。

（一）招标书的结构与写法

1. 标题

标题一般由招标单位、招标项目、文种三要素组成，如"××市政府办公楼建设项目招标书""××公司设备采购招标书"。

2. 正文

正文一般由前言、主体两部分组成。

（1）前言：写明招标目的、依据，招标项目名称、规模、范围等内容。

（2）主体：写明招标的具体内容、条件和要求、招标程序等相关事项。例如，项目的技术指标要求、总工程量、完成时间等；采买货物的名称、批量、规格等；投标人的资质要求；招标起止时间、开标、定标的时间、地点、方法、步骤等。

3. 落款

落款应写明招标单位名称、地址、邮政编码、联系人、电话、传真等内容，最后签署日期并加盖印章。

（二）投标书的结构与写法

1. 标题

标题一般要写明投标单位名称、投标项目和文种，如"××建筑公司国贸大厦建设项目投标书"，也可以省略投标单位名称或投标项目，或只写"投标书"。

2. 正文

正文一般由主送单位、前言和主体三部分组成。

（1）主送单位：即招标单位，应顶格写明全称。

（2）前言：简要说明投标方案的依据、指导思想，表明承标愿望。

（3）主体：

首先，针对招标书的条件要求介绍自身情况，包括企业规模、资质级别、技术和资金力量、工艺水平、设备状况、服务质量、员工素质、以往业绩等，着重突出自身特点和优势；

其次，明确投标标的，写明投标项目的各项具体指标、完成项目的时间；

最后，阐述实现目标的方案、拟采取的具体措施、对招标人提出的要求、条件的认可程度等内容。

也有的标书先明确标的再介绍方案措施、自身情况。

3. 落款

落款应写明投标单位名称、法人代表、地址、邮政编码、电话、传真、电子邮箱等,并签署日期、加盖印章。

五、招投标文书的写作要求

1. 内容真实、合法

招投标文书的内容必须真实,不能有隐瞒和虚假的成分,并符合国家的法律法规。

2. 语言准确、严密

招投标文书的语言表达要准确,语义严密,没有歧义,以免发生纠纷。

六、例文

【例一】

京九铁路×××编组站通信工程招标书

为快、好、省地建成京九铁路×××编组站,经铁道部批准,铁路建设指挥部对京九铁路×××编组站通信工程进行招标。

一、招标工程的准备条件

京九铁路×××编组站通信工程的以下招标条件已经具备:

1. 本工程已列入京九铁路建设计划。

2. 已有经国家批准的设计单位拟出的设计图和概况。

3. 资金、材料、设备分配计划和协作配套条件已分别落实。

4. 本工程的标底已报建设主管部门和建设银行复核。

二、工程内容

1. 通信站工程。

2. 无线列调工程。

三、工程范围及主要工程数量

1. 工程范围:编组站全部通信工程。

2. 主要工程数量(略)

四、承包方式

1. 中标单位以包工期、包质量、包造价、包材料的原则承包本工程。

2. 中标单位不包的项目及费用（略）

五、承包工程的工期（略）

六、工程质量技术安全要求、工程监理、工程验收标准（略）

七、物资供应（略）

八、工程价款的支付和结算

详见本工程临时施工合同条款。

九、投标注意事项

1. 投标文件的编制（略）

2. 投标文件的递交

标书要加盖企业及其法人代表的印章，密封后，在××××年×月×日下午4点前送到铁路建设指挥部（××市××路××号）。逾期交送的标书作废标论。

3. 开标、评标时间及方式

（1）开标时间：××××年×月×日。

（2）评标结束时间：××××年×月×日。

（3）开标、评标方式：建设单位邀请主管部门、建设银行和公证处及投标方参加公开开标、审查证书，采取集体评议方式进行评标、定标。

（4）中标依据及通知（略）

十、其他要求（略）

招标单位地址：×××××××××

电话：×××××××××

邮政编码：××××××

联系人：×××

铁路建设指挥部（章）
××××年×月×日

【例二】

××建筑公司投标书

××市财政局：

我单位认真研究了《××市财政局办公楼建设工程招标文件》及图纸资料，

愿意承担该工程的施工任务，并完全同意招标文件对投标单位的要求和应该承担的义务，完全同意施工合同主要条款的内容和原则。现提出正式报价如下：

一、工程总造价（略）

二、工程造价的构成（略）

三、工期

自××××年×月×日开工至××××年×月×日竣工交付使用，总工期×个月，其中基础工期×个月，主体工期×个月，收尾工期×个月。

四、工程质量

本工程施工质量达到××标准。其中，基础工程达到××标准，主体工程达到××标准，内外装饰达到××标准。

五、材料数量及价差见附表（略）

六、主要施工方法及安全措施（略）

1. 基础工程施工方法（略）

2. 主体工程施工方法（略）

七、企业情况

1. 施工能力：全员××人，其中固定职工××人，技术装备率××元/人。

2. ××××年施工合同履约率100%。

3. 承担本工程的施工队在××××年至××××年施工的代表性工程和优良工程（略）

4. 企业自有资金情况及开户银行和账号。（略）

八、对招标单位的要求

招标单位提供临时设施，我们将合理使用。

九、坚持勤俭节约，杜绝浪费现象

十、附件

1. 本工程报价预算书

2. 材料数量及价差

办公地址：××市××路××号

联系电话：××××××××

联系人：×××

××建筑公司（盖章）

法人代表：×××（签章）

××××年×月×日

第十三章　专用文书（三）
——诉状类法律文书

第一节　诉状类法律文书概述

一、诉状类法律文书的概念

诉状类法律文书是案件当事人为实施诉讼行为而制作的法律文书的总称，它是案件当事人（公民、法人、其他社会组织或其代理人）运用有关法律条文向司法机关提出诉讼请求或答辩要求的书面材料。诉状类法律文书是法律文书的一个重要组成部分。

二、诉状类法律文书的特点

1. 合法性

诉讼权是法律赋予当事人进行诉讼的合法权利，任何公民、法人和其他社会组织，在其合法权益受到侵犯或者权利义务关系发生争执时，都有权向人民法院提起诉讼。但诉权不能滥用和错用。诉状类法律文书的制作主体、客体、程序、内容等都必须合乎相关法律规定，必须遵守"以事实为依据，以法律为准绳"的司法原则。"以事实为依据"，是指在写作诉状类法律文书时不得虚构、捏造或夸大事实；"以法律为准绳"，是指诉状类法律文书在提出诉求时要有相关法律依据，适用法律正确。否则，不仅达不到诉状类法律文书的制作目的，还可能会触犯法律。

2. 时限性

向人民法院提起诉讼，递交起诉书、上诉书、答辩状等，都要在法律规定的时限内进行。超过诉讼时限，或未在法律规定的时间内提交诉状或上诉状，就失去了诉讼的权利。

3. 规范性

一方面，诉状类法律文书的制作必须和一定的法律程序相联系，什么类别的法律文书适用于什么法律程序有严格的规范，不同的司法程序阶段要依法制作不同类别的法律文书。另一方面，诉状类法律文书在写作结构、用语、形式等方面也有一定的规范。比如，民事案件、行政案件的当事人称为"原告""被告"，刑事案件的当事人则称为"自诉人""被告人"等。

三、诉状类法律文书的作用

1. 诉状类法律文书是诉讼程序发生的根据，是司法机关审理案件的基础和依据

根据我国法律规定，除公诉案件外，其他案件一律执行"不告不理"的原则，即"起诉应当向人民法院递交起诉状"，诉状呈送给人民法院后，人民法院经审查合格后就要立案受理，诉讼程序随之启动。没有诉状，诉讼程序就无法启动。此外，诉状所陈述的情况、列举的证据等对司法机关了解情况、处理案件具有十分重要的作用。

2. 诉状类法律文书是案件当事人依法行使权利以保护自己合法权益的重要工具

通过制作诉状类法律文书，案件当事人可以陈述案情，列举证据，阐明诉讼理由和法律依据，表明自己的诉讼目的和具体请求事项，从而维护自身的合法权益。

四、诉状类法律文书的类型

写作诉状类法律文书主要根据诉讼法来进行。诉讼有刑事诉讼、民事诉讼和行政诉讼之分，因而根据诉讼案件性质的不同，可以把诉状类法律文书分为刑事诉讼状、民事诉讼状和行政诉讼状三大类；从司法程序方面来划分，可以把诉状类法律文书分为起诉状、上诉状、答辩状和申诉状等。另外，诉状类法律文书还包括当事人为解决合同纠纷或其他财产权益纠纷而递交给仲裁机构的仲裁申请书、仲裁答辩书等。

五、诉状类法律文书的写作要求

1. 要有具体的被告和明确的请求。
2. 格式要规范，项目要齐全。
3. 以事实为依据，以法律为准绳，不歪曲、篡改、捏造事实，适用法律正确。
4. 语言准确、简洁，没有歧义。

第二节　民事起诉状

一、民事起诉状的概念

民事起诉状是指公民、法人或其他组织为维护自己的民事权益，在认为自己的合法权益受到侵害或者与他人发生争议时，依据事实和法律向人民法院提起民事诉讼时使用的诉状。无诉讼行为能力的，可以由其法定代理人或者法院指定的代理人代为提起诉讼。民事诉讼的原告可以自写起诉状，也可以由法定代理人或者委托代理人代写诉状。

民事诉讼案件主要包括婚姻家庭纠纷案、财产权益纠纷案、知识产权纠纷案和人身权益纠纷案等。

根据我国民事诉讼法的有关规定，提起民事诉讼需具备四个条件：一是原告是与本案有直接利害关系的公民、企事业单位、机关、团体；二是有明确的被告；三是有具体的诉讼请求和事实根据；四是属于人民法院受理民事诉讼的范围和受诉人民法院管辖。

二、民事起诉状的结构与写法

（一）首部

首部包括标题和当事人及其代理人基本情况两部分内容。

1. 标题

写"民事起诉状"。

2. 当事人（原告及被告）及其代理人的基本情况

（1）原告及其代理人的基本情况：提起诉讼的人或组织。如果是自然人，要写清楚姓名、性别、年龄、民族、籍贯、工作单位、住址等；如果是企事业单位、机关团体或其他组织，则要写明单位名称、地址、邮政编码、法人代表或主要负责人姓名、职务等；如果原告有代理人，应依次写明该代理人的姓名、性别、年龄、职务、工作单位等基本情况和与原告的关系；如果委托律师代理，只写明律师的姓名及其所在的律师事务所即可；如果有共同原告，就接着排列，所列项目同上。

（2）被告及其代理人的基本情况：写法同原告。如果被告是多人，应根据其在案件中的地位、作用及主次情节依次排列，项目同上。

（3）第三人及其代理人基本情况：如果案件有第三人，则在被告项目之下另段列出，写法与原告、被告相同，并说明第三人与原告、被告的关系。

（二）正文

民事起诉状的正文包括诉讼请求、事实和理由、证据及其来源三部分。

1. 诉讼请求

诉讼请求是原告向法院提起诉讼的目的，也称案由，如要求损害赔偿、债务清偿、履行合同，以及要求与被告离婚、给付赡养费、继承遗产等，最后一项通常写诉讼费用的负担要求。诉讼请求要求明确、具体、合法，各自独立的请求事项应分项列出。

2. 事实和理由

这一部分是诉状的主要内容，是请求人民法院裁决当事人之间权益纠纷或者争议的重要依据。

事实部分，主要写明被告侵犯原告民事权益的具体事实（时间、地点、人物、事件、原因、结果等），或者当事人双方权益发生争议的具体内容，明确双方争执的焦点和实质性分歧所在。如果原告在纠纷中有一定过错而应负一定责任，亦应实事求是地写明，以便人民法院全面了解事实真相，分清是非，依法判处。

理由部分，要根据事实和根据，写明被告侵权行为的性质、所造成的后果、被告应负的法律责任，并阐明理由和提出请求的法律依据，准确引用相关法律条款，以证明原告请求的合理性和合法性。

写事实和理由要以双方争议的焦点和实质性分歧为重点，事情过程应概述，不写与争议或纠纷无关的内容。

3. 证据及其来源

证据是证明所述事实真实性、可靠性的依据，直接关系到案件的事实和理由能否成立，是诉讼成败的关键。因此，事实写清楚后，要提供支持诉讼请求的相关证据（人证、物证、书证）及其来源，证人姓名、职业、住址等，以便法庭调查。

（三）尾部

这部分包括受诉法院名称、具状人署名和具状时间、附项三部分内容。

1. 受诉法院名称

另起一段，空两字写"此致"，转行顶格写"××人民法院"。

2. 具状人署名和具状时间

在右下方写原告姓名、法人代表和委托人姓名，并盖章。具状时间写在具状人署名下一行。

3. 附项

写明提交法院的材料名称和数量，如本状副本×份、物证×件、书证×件等。

三、民事起诉状的写作要求

1. 诉讼请求明确、具体，合理合法。
2. 陈述理由有理有据，援引法律准确、恰当。
3. 行文简明，条理清晰，语言准确。

四、例文

民事起诉状

原告：周××，女，38岁，汉族，××市人，住××市××路××号。

被告：李××，男，40岁，汉族，××市人，住××市××路××号。

请求事项：

1. 判决原告与被告离婚；

2. 婚生儿子李×由原告抚养，被告一次性支付抚养费×万元给原告（从××××年×月起至××××年×月止，按每月×元计）；

3. ××市××路××号房屋所有权归原告所有，家庭其他财产均分；

4. 诉讼费全部由被告承担。

事实与理由：

原告与被告李××原在同一小学任职。2007年自由恋爱并结婚。婚后前几年夫妻关系和睦，生有一子李×，现已10岁。2013年，被告李××辞职考入

××师范学院读研究生，原告一人工资既供李××读书，还要抚养儿子、赡养公婆，并承担了全部家务。当时被告心甚感激，表示永不变心。2016年8月，被告从××师范学院毕业，进入××市第五中学任职后，逐渐产生了喜新厌旧思想。2017年12月，被告李××与××医院护士吴××相识后，经常与吴××出双入对，并多次发生不正当关系，致吴××怀孕。此事被原告发现后，为了家庭和孩子原告好心劝告，学校领导也曾严厉批评李××，李××也表示悔过，并给原告写下保证书。谁知他言行不一，与吴××的关系一直未断。从2019年开始，李××与吴××公然以夫妻关系同居，使原告精神十分痛苦，夫妻感情因此而彻底破裂。以上事实有李××与吴××的微信聊天截图、证人张×、宋×、王×的证言为证。

综上所述，被告人李××见异思迁，道德败坏，没有尽到夫妻之间应有的忠诚义务。根据《中华人民共和国民法典》第一千零九十一条"有下列情形之一，导致离婚的，无过错方有权请求损害赔偿：（一）重婚；（二）与他人同居；（三）实施家庭暴力；（四）虐待、遗弃家庭成员；（五）有其他重大过错"的规定，请求法院判决原被告离婚，××市××路××号房屋所有权归原告所有，家庭其他财产均分。儿子李×现在读四年级，从小到大一直由原告抚养，且儿子李×也愿意继续与原告生活，因此继续由原告抚养为宜。李×属未成年人，抚养其成人、供其读书还需一大笔费用，请求法院判决被告一次性支付抚养费×万元给原告（从××××年×月起至××××年×月止，按每月×元计）。诉讼费全部由被告承担。

  此致
××市××区人民法院

具状人：周××
2020年6月8日

附：1. 诉状副本3份。
  2. 书证5份：证人证言3份、李××与吴××微信聊天截图各1份。
  3. 其他证明文件×份。

第三节　行政起诉状

一、行政起诉状的概念

行政起诉状是公民、法人或其他组织，不服行政机关的具体行政行为，而依法向人民法院提起行政诉讼时所制作的诉状。

公民、法人和其他组织，不服行政机关的具体行政行为，既可以先向上一级行政机关或法定的行政机关申请复议，对复议不服，再向人民法院提起诉讼；也可以直接向人民法院提起诉讼，请求人民法院确认该行政行为违法或无效，要求撤销或者终止该行政行为，从而维护自身的合法权益。提起行政诉讼、撰写行政起诉状，是《中华人民共和国行政诉讼法》赋予公民的一项权利。

行政诉讼，百姓俗称"民告官"，但代表"民"的原告与代表"官"的被告，在行政诉讼中的法律地位是平等的。

二、行政起诉状的结构和写法

（一）首部

首部包括标题、当事人及其代理人基本情况两部分内容。

1. 标题

写"行政起诉状"。

2. 当事人及其代理人的基本情况

（1）原告及其代理人的基本情况：要写明姓名、性别、年龄、民族、籍贯、地址等情况。

（2）被告及其代理人的基本情况：由于人民法院受理行政诉讼案有管辖的范围，被告栏要写明被告机关或组织的全称、地址，以及其法定代表人或负责人的姓名、职务。

原告、被告及其代理人不止一人的，依次写明其基本情况。

（二）正文

正文包括诉讼请求、事实与理由、证据及证据来源三部分。

1. 诉讼请求

诉讼请求是正文的第一项内容,是原告提起行政诉讼要解决的问题和要达到的目的。诉讼请求要紧扣"具体行政行为是否合法"这一重点,提出要求。诉讼请求要言简意赅,可以分条列出。

根据行政案件的特点,原告所提出的诉讼请求主要有:部分或全部撤销行政决定、变更行政决定、提出赔偿损失等。

2. 事实和理由

这部分是行政诉讼状的主体,要写清楚提出诉讼请求的事实根据和法律依据。

事实是人民法院审理案件的依据,起诉状必须写明被告侵犯起诉人合法权益的事实经过、原因及造成的结果,指出行政争议的焦点。如果是对行政复议的结果不服而提起诉讼的,还要写清楚复议行政机关做出复议决定的过程和结果。

理由是在叙述事实的基础上,依据法律法规进行分析,论证诉讼请求的合理合法性。例如,对被告侵犯原告人身权和财产权的案件,原告要着重论述被告实施的具体行政行为所依据的事实不真实、证据不充分;或者违反了法定程序,所适用的法律有错误;或者超越职权范围、滥用职权;或者该行政处罚过重,侵害了原告的正当权益等。其理由应根据案件的不同而有所侧重,但引用的法律、法规条文必须准确,理由务必充分。

3. 证据及证据来源

这部分内容要求原告就诉讼请求、列举的事实、阐述的理由进行举证,以便人民法院在办案过程中核对查实。

行政诉讼中的举证同其他诉讼活动的举证明显不同。其他诉讼活动遵循"谁主张,谁举证"的原则,行政诉讼的被告则对其具体行政行为负有举证责任,也就是说,作为被告的行政机关,先要拿出证据,证明自己被原告起诉的具体行政行为是合法的。而行政诉讼的原告只需就以下事项举证:第一,起诉符合法定条件;第二,在起诉被告不作为或乱作为案件中,证明其提出申请的事实;第三,在同时提起行政赔偿诉讼时,证明因受被诉行为侵害而造成损失的事实。

(三)尾部

依次写明诉状致送法院名称、行政起诉状副本份数、起诉人签名盖章、起诉日期、附项清单等。

三、例文

行政起诉状

原告：李亮，男，××岁，××市××厂工人。

被告：××市××区劳动和社会保障局，地址：×××××××，联系电话：××××××××××。

法定代表人：×××，任××职务。

案由：工伤认定行政不作为案。

请求事项：

请求法院认定××市××区劳动和社会保障局拒不履行其工伤认定的职责，属于行政不作为行为，判令被告履行职责。

事实和理由：原告从2015年7月10日始一直在××市××厂工作，2019年10月13日因为车间堆放的物品倒塌，致原告受伤。2019年12月20日，原告向××市××区劳动和社会保障局提出工伤认定申请，被告在法定的2个月内没有对原告的申请予以答复。此后原告又多次催问，依然没有得到答复。由于被告拒不履行法律规定的认定责任，原告至今不能享受工伤待遇，不能得到相应赔偿，治疗所花费用至今不能报销，致使原告身心受到了极大的伤害。

被告身为国家行政机关，知法犯法，法律难容。根据《中华人民共和国行政诉讼法》的规定，特具状起诉，请人民法院依法判决，以维护法律尊严和原告的合法权益。

此致

××市××区人民法院

具状人：马××

2020年3月20日

第四节 答辩状、上诉状

一、答辩状

(一)答辩状的概念

答辩状是指在诉讼活动中,被告方或被上诉方,针对原告起诉的事实和理由或上诉人上诉的请求和理由,进行答复或辩解的一种诉讼文书。答辩状是与起诉状、上诉状相对应的诉状。根据案件的性质,答辩状可以分为民事答辩状、刑事(自诉)答辩状和行政答辩状。

人民法院在收到原告的起诉状或上诉人的上诉状后,应当在规定的时间内将副本送达被告或被上诉人,被告或被上诉人应当在法定的期限内提交答辩状。民事答辩状应当在收到起诉状或上诉状副本后的十五日内提交,行政答辩状应当在收到起诉状或上诉状副本后的十日内提交。当事人不提交答辩状,不影响人民法院对案件的审理。

(二)答辩状的特点

提出答辩状的目的是回答、反驳对方诉状的诉讼请求,以减免答辩人的责任。因此,答辩状的特点就体现在两个字上:"答"和"辩"。

1. 答复性

答辩是法律赋予被告或被上诉人的一种权利,被告或被上诉人提交答辩状是一种应诉行为。在答辩状中,被告或被上诉人应当针对原告或上诉人的指控进行回答,以维护自己的合法权益。因而,答辩状具有鲜明的答复性。

2. 论辩性

原告或上诉人在起诉状或上诉状中,必然要陈列事实和理由,提出诉讼请求;那么,被告或被上诉人对上述内容有什么异议,则通过答辩状予以驳斥和辩解。因而,答辩状的论辩性就十分突出。

(三)答辩状的作用

1. 答辩状有利于人民法院全面了解案情,判明是非,以做出公正判决。
2. 答辩状充分体现了诉讼当事人在诉讼活动中权利平等的原则。
3. 答辩状有利于维护被告或被上诉人的合法权益。

（四）答辩状的结构与写法

答辩状由首部、正文和尾部三部分组成。

1. 首部

首部包括标题和答辩人及其代理人的基本情况两部分内容。

（1）标题

答辩状的标题，可以写成"刑事（或民事）答辩状""刑事（或民事）被上诉答辩状"。前者为一审案件答辩状，后者为上诉案件答辩状。

（2）答辩人及其代理人的基本情况

答辩人是公民的，答辩状应依次写明答辩人的姓名、性别、年龄、民族、籍贯、职业、单位、住址、电话等内容。有代理人的，另起一行列写代理人的姓名、性别、年龄、民族、籍贯、职业和住址等内容。如果是法定代理人，还要写明其与答辩人的关系。如委托律师代理，则要写明代理律师的姓名、单位。

如果答辩人是企事业单位、机关、团体（法人），先列写答辩人及其单位全称和所在地。再另起一行，列写该单位的法定代表人及其姓名、职务。再另起一行，列写委托代理人的姓名、职务。

2. 正文

正文由答辩案由、答辩理由和答辩意见三部分组成。

（1）答辩案由

答辩案由即答辩的缘由，写明因何人、何案而提出答辩，其格式一般为"因×××诉×××的××××××××××一案，提出答辩如下"或"上诉人×××因×××一案不服××人民法院××××年×月×日×字第×号×事判决（或裁定）提起上诉，现提出答辩如下"。

（2）答辩理由

答辩理由是答辩状的重点部分，必须针对原告在起诉状、上诉人在上诉状中所列事实理由进行答复和辩驳。一般来说，可以从以下方面进行答复和辩驳：

一是分析指出原告在起诉状、上诉人在上诉状中所述事实与实际情况不符之处，找出在事实方面有利于被告或被上诉人的材料，从而提出为被告或被上诉人辩护的理由。

二是针对原告在起诉状、上诉人在上诉状中适用法律不当之处进行反驳。

三是针对原告在起诉状、上诉人在上诉状中所列证据的虚假之处进行反驳。

四是针对原告在起诉状、上诉人在上诉状中存在的逻辑错误进行反驳，如其所述理由、所列证据不能必然推出其所持结论等。

凡属无理的诉讼请求不可避免地存在逻辑混乱、观点和材料矛盾、违背常理等情况，答辩人只要能准确抓住这些问题，就可以驳斥对方的主张，使对方的诉讼理由无法成立。

（3）答辩意见

答辩意见是答辩人对法庭提出有关本案处理的主张和请求。答辩意见可以包括：根据事实与证据，证明自己行为的合理性；依据有关法律条文，说明自己答辩理由的正确性、合法性；指出对方起诉状或上诉状的谬误；提出对本案的处理意见，请求人民法院依法合理裁判。

3. 尾部

尾部应依次写明以下内容：

（1）答辩状送达的人民法院名称。

（2）答辩人的签名盖章，并注明具状日期。

（3）有关附项，如副本份数、物证、书证的名称和件数、人证姓名及住址等。

（五）答辩状的写作要求

1. 坚持"以事实为依据，以法律为准绳"的原则。虽然答辩状是保护被告或被上诉人合法权益的重要手段，但答辩之"辩"建立在事实真实、证据确凿、援引法律条文准确恰当的基础上，绝非无理狡辩、胡搅蛮缠。

2. 答辩状的写作要突出针对性，针对对方所诉，抓住要害与关键针锋相对地进行辩驳，不应避重就轻、答非所问，更不应横生枝节。

3. 答辩状的写作要条理清晰，论证充分有力，语言准确精练。

二、上诉状

（一）上诉状的概念

上诉状是诉讼当事人或法定代理人，因不服人民法院一审判决或裁定，依法向上一级人民法院提出请求撤销、变更原审判决裁定或重新审理的诉状。上诉是法律赋予当事人的一项重要的诉讼权利，上诉状可以使当事人行使上诉权利，使当事人的合法权益得到切实保障；上诉状也是二审人民法院受理案件、进行审理的依据。

（二）上诉状的分类

依据案件的性质，上诉状可分为民事上诉状、刑事上诉状和行政上诉状三类。

（三）上诉状的结构与写法

1. 首部

首部由标题和当事人基本情况构成。

（1）标题

根据案件性质不同，写作"民事上诉状""刑事上诉状"或"行政上诉状"。

（2）上诉人和被上诉人的基本情况

其写法与起诉状基本相同。但在民事和行政诉讼中，其次序应按上诉人、被上诉人、第三人顺序开列。刑事案件中的公诉案件，只列上诉人的基本情况，自诉案件则要列上诉人、被上诉人的基本情况。

2. 正文

正文主要包括案由、上诉请求和上诉理由三部分内容。

（1）案由

即不服一审判决或裁定的事由，包括原审人民法院的名称、处理时间、文书名称、发文字号及上诉意见等。

（2）上诉请求

这部分内容一是简要概括案情，引述原审判决结论；二要写明上诉人认为原审判决或裁定有什么错误或不当；三是提出具体的上诉请求，要求二审法院撤销、变更原审判决或裁定，或请求重新审理。提出上诉请求要具体明确，不可含糊其词。有多项请求事项时可分条陈述。

（3）上诉理由

这部分是提出上诉请求的理由和根据，主要内容是针对原审判决或裁定的不当之处，依理依据进行分析反驳，表明原审判决或裁定或是在事实认定部分有错，或是在案件定性与处分尺度方面有误，或是适用法律条款不当，或是诉讼程序存在问题等，从而达到撤销原判或部分改判的目的。要注意的是上诉理由的论述，目标只是针对一审判决，而绝非针对当事人。

3. 尾部

上诉状尾部应当依次写明上诉法院名称、上诉人具名、上诉日期、有关附项等内容，其写法与起诉状同。

（四）上诉状的写作要求

1. 要针对一审判决或裁定的错误之处提出上诉请求与上诉理由。

2. 要以法律为依据，实事求是，不牵强附会、无理缠讼。

3. 要在法律规定的时限内将上诉状送交上级法院，逾期则上诉期丧失。比如，民事判决的上诉期限为十五天。

三、例文

【例一】

民事答辩状

答辩人：××市××局，××区××路××号。

法人代表：何××，总经理。

委托代理人：李×，××律师事务所律师。

被答辩人：×××××有限公司，××区××路××号。

法人代表：张××，经理。

因×××××有限公司诉××市××局买卖合同纠纷一案，现提出答辩意见如下：

一、被答辩人所诉与事实不符

1. 我单位从未派人到被答辩人处赊购商品，接到诉状后，经详细调阅财务档案，没有被答辩人所诉的财务档案或欠款记录。几任单位领导更换进行财务交接时也从来都没有被答辩人所诉债务的交接手续。

2. 我单位作为国家机关，严格遵循单位的财务制度和报销流程，不可能指派工作人员到没有签订挂账协议的商店随意挂账。我单位与被答辩人没有采购合同，没有授权工作人员到被答辩人处采购商品。

二、被答辩人提供的证据有重大瑕疵，不能采信

1. 关于被答辩人所诉××××元的欠条。证据瑕疵一，我单位印章的全称应为："××市××局"，而被答辩人提供的欠条证据中的印章为"××局"。此印章不属于我单位印章。证据瑕疵二，该欠条仅加盖了公章，没有任何经办人员或财务人员或单位领导的签字，被答辩人没有提供购物明细。经查，我单位既没有该笔欠款的财务记录，也没有相关物资的入账资料。证据瑕疵三，欠条下半部分所谓的还款记录，仅有部分个人签字，没有加盖我单位公章。

因此，被答辩人提供的该证据与我单位没有关联性，我单位不应承担责任。

2.关于被答辩人提供的有个人签字的××张"销货清单"。我单位从未授权任何人到被答辩人处赊购商品，也没有收到销货清单上的任何商品。根据《中华人民共和国民法典》第一百七十一条的规定："行为人没有代理权、超越代理权或者代理权终止后，仍然实施代理行为，未经被代理人追认的，对被代理人不发生效力。"所以该赊购行为的民事责任不应由我单位承担。

被答辩人提供的××张"销货清单"，其记载日期均为2015年和2016年，根据《中华人民共和国民法典》的相关规定，上述销货清单的诉讼时效起算时间应以销货清单上记载的时间为准，到今早已超过2年的诉讼时效。即使买卖事实成立，被答辩人也早已丧失追诉权，人民法院应驳回其诉讼请求。

综上，被答辩人所诉无事实依据，证据有重大瑕疵，与待证事实毫无关联，不能证明其主张。被答辩人的各项诉讼请求均应予以驳回。

此致

×××市××区人民法院

答辩人：×××市××局
2019年×月×日

【例二】

民事上诉状

上诉人：钟某某，男，汉族，1988年6月21日出生，住址：××市××区××路××号。

被上诉人：张某，女，汉族，1989年1月6日出生，住址：××市××区××路××号。

上诉人因离婚诉讼一案，不服××市××区人民法院做出的（2019）玄武区民一初字第××号民事判决书，现提出上诉。

上诉请求：

一、依法裁定撤销××市玄武区民一初字第××号民事判决第三项，并改判××市××区××路××号501房（以下简称501房）由上诉人、被上诉人各占25%的产权或由上诉人按房屋评估价值的25%补偿被上诉人。

二、××区××路278号504房（以下简称504房）婚后还贷部分的金额，上诉人同意补偿被上诉人23129.80元；撤销玄武区民一初第××号民事判决第四项并改判上诉人无须向被上诉人赔偿医疗费和精神损害抚慰金。

上诉理由：

一、从有利生产、方便生活的原则出发，宜将被上诉人可分得的房屋产权份额折价，由上诉人对被上诉人做出补偿。

本案中，被上诉人与上诉人、上诉人的母亲及姐姐等家人关系恶化。而在这种情况下，原审法院判决被上诉人占有501房产权而成为共有权人，将来必然会面临以下问题：被上诉人是否可以在501房共同居住、不在501房居住被上诉人如何解决其居住权问题、在501房共同居住时是否会引发新的冲突、就出卖501房各方是否会引发新的争议等。显然，这些均与有利生产、方便生活的原则相冲突。结合本案案情，宜将被上诉人应得产权转给上诉人而由上诉人对被上诉人做出补偿。

二、501房建筑面积为59.06平方米，市场价值约为39万元。原审法院判决被上诉人占501房40%的产权，被上诉人多分到15%的产权，该部分产权价值为58500元。而上诉人婚后还贷部分金额仅46259.61元，被上诉人应分享的金额为23129.8元。两部分抵消后，原审法院判决多分给被上诉人的财产共计35370.2元。

三、上诉人的行为尚不构成家庭暴力，更不构成虐待行为，被上诉人对自己受伤也存在过错，原审法院判决上诉人赔偿精神损害抚慰金没有法律依据。

《中华人民共和国民法典》第一千零九十一条规定："有下列情形之一，导致离婚的，无过错方有权请求损害赔偿：（一）重婚；（二）与他人同居；（三）实施家庭暴力；（四）虐待、遗弃家庭成员；（五）有其他重大过错。"《中华人民共和国反家庭暴力法》第二条规定："本法所称家庭暴力，是指家庭成员之间以殴打、捆绑、残害、限制人身自由以及经常性谩骂、恐吓等方式实施的身体、精神等侵害行为。"

本案中，最初因被上诉人不尊重老人致双方发生争吵，然后被上诉人手持锋利的剪刀企图伤害上诉人，上诉人在人身安全受到威胁的情况下只好实施正当防卫，去抢夺剪刀，最终导致双方在抢夺剪刀的过程中都有受伤。可见被上诉人也是过错方，无权依照《中华人民共和国民法典》第一千零九十一条规定请求损害赔偿。

综上所述，上诉人认为，原审法院判决认定事实不清、适用法律不当。上诉人恳请贵院正确认定事实、适用法律，支持上诉人的上诉请求。

此致

××市中级人民法院

上诉人：钟某某
2019 年 8 月 8 日

第五节　申诉状

一、申诉状的概念和类型

申诉状是诉讼当事人或其法定代理人对已生效的判决或裁定不服，向人民法院、检察院提出复查纠正申请时使用的司法文书，又称申诉书、再审申请书。

按照案件的性质，申诉状可分为刑事申诉状、民事申诉状、刑事附带民事申诉状、行政申诉状、行政附带民事申诉状。

申诉是法律赋予公民的一项合法权利，对已经生效的判决或裁定，凡是当事人认为有错误的均可提出申诉，但申诉并不能阻止判决、裁定的执行。申诉状是运用特殊程序维护申诉人合法权益的诉讼文书。

申诉案件一般由原审人民法院审查处理，是人民法院再审案件的重要来源之一，在一定情况下，申诉是纠正已发生效力的错误判决或裁定的有效补救方法。

申请再审要符合下列条件：

1. 有新的证据，足以推翻原判决、裁定的。
2. 原判决、裁定认定事实的主要证据不足的。
3. 原判决、裁定适用法律确有错误的。
4. 人民法院违反法定程序，可能影响案件正确判决、裁定的。
5. 审判人员在审理该案件时有贪污受贿、营私舞弊、枉法裁判行为的。

此外，当事人对违反自愿原则的调解协议和调解协议内容违法的，也可申请再审。

二、申诉状的结构与写法

申诉状的结构与写法与上诉状基本相同，包括首部、正文和尾部三部分。

（一）首部

首部包括标题和申诉人及其代理人的基本情况。

1. 标题：再审申请书。

2. 申诉人及其代理人的基本情况。

（二）正文

正文包括案由、请求事项、事实和理由三部分。

1. 案由

写明申诉人对哪个法院何时以何字号做出的判决或裁定提出申诉。

2. 请求事项

写明申诉人要求人民法院解决的问题，表明自己通过申诉所要达到的目的。一般要说明申诉人原先受到的处理有何不当，明确提出希望怎样解决，如请求撤销、变更判决或裁定，或请求人民法院再审等。

3. 事实和理由

这是申诉的重点部分，要对申诉请求进行论证，对原审裁判的不当之处进行辩驳。可从以下几个方面进行：

（1）概述案件事实真相、原来的处理经过和最后的处理结果。

（2）具体阐述自己的申诉理由和依据。可分别就事实认定不清、采用证据失当、案件定性有误、适用法律法规不准确、违反法定诉讼程序或者审判人员枉法裁判等多方面分析辩驳原审裁判的不当之处。

（3）归纳总结，引申出申诉的具体要求，请求重新处理或再审。

（三）尾部

1. 申诉状所提交的法院名称。

2. 申诉人具名和具状日期。

3. 有关附项，如原审判决书复印件名称及份数。

三、申诉状与上诉状的区别

1. 针对对象不同

申诉状是针对已发生法律效力的判决、裁定进行申诉，上诉状则是针对未发生法律效力的判决、裁定进行上诉。

2. 提交时限不同

拿民事案件来说，其再审申请应当在判决、裁定或者调解书发生法律效力后三年内提出，而民事案件的上诉状必须在判决书下达的十五日内提出。

3. 递交机关不同

申诉状可向原审法院提交，上诉状则只能向上一级人民法院提交。

4. 受理条件不同

合乎法定条件的上诉状法院必须受理，而上诉状的受理要视原审判决裁定是否有误。

四、例文

刑事申诉状

申诉人：刘××（被害人刘×平之兄），男，31岁，汉族，××市人

申诉人因刘×平被害案不服××市高级人民法院(××)高刑终字第××号判决书，特提出申诉。

申诉请求：请求终审法院按照审判监督程序，重新审理此案。

事实和理由：

一、判决书定彭××为过失致人死亡有失公正

我认为彭××应定为故意杀人罪。因为刘×平并未对彭××或其他人造成任何人身威胁，彭××没有必要用三棱刀来主持"正义"。他如果真是出于"正义"，不是出于故意杀人的动机和目的，在刘×平赤手空拳的情况下，完全可以采取劝阻和以理服人的方法，为什么要选择最要害的部位——心脏，并一刀刺死刘×平呢？

二、判决书认定事实有出入

判决书说修建队的书记要去医院看病，刘×平进行拦截和挑衅，这与事实不符。事实是：我母亲多次去找××镇修建队要求解决工作问题，遭修建队队长袁××毒打。为此，我母亲找到××区委和××法院，但都未作处理，仍让我母亲找修建队的书记。6月19日我母亲找到书记杨××后，又遭到杨××的打骂。然后杨××要坐卡车去医院，我母亲拦车不让去，因为他打了我母亲，而且工作问题还没有解决。可是他们强行把我母亲拉开，并把车开走了。我和我母亲也走路去了医院。在这个过程中，我弟弟刘×平根本不在场，何来的"拦截"

和"挑衅"呢？到了中午12点，刘×平找我母亲回家吃饭，彭××从仓库里拿出三棱刀，一刀刺中刘×平的心脏然后穿过马路逃跑了。我弟弟怎么会向他们"挑衅"？彭××刺死我弟弟并逃跑，为什么判决书对此只字不提？

三、高级法院终审判决书以《中华人民共和国刑法》第二百三十三条规定，判处彭××有期徒刑六年，实属定性不当，适用法律错误，量刑太轻。

本案被告人犯的是故意杀人罪，应按《中华人民共和国刑法》中有关故意杀人罪相关规定进行惩处。为此，申诉人请求法院对此案重新复查审理，依法对杀人犯彭××从严惩处，替我弟弟刘×平申冤，以维护法律的尊严，保护公民的合法权益。

此致
××市高级人民法院

申诉人：刘××
××××年×月×日

参考文献

[1] 王首程. 应用文写作 [M]. 北京:高等教育出版社,2019.

[2] 李薇. 财经应用文写作:第 2 版 [M]. 北京:高等教育出版社,2014.

[3] 刘锡庆,吕志敏,王秋梅. 应用文写作 [M]. 北京:外语教学与研究出版社,2019.

[4] 甄珍,周宏,郝素岭. 新型实用应用文写作 [M]. 北京:北京理工大学出版社,2011.

[5] 曾辉,袁红兰. 应用文写作教程 [M]. 上海:上海交通大学出版社,2012.

[6] 郭雪峰,宁淑华. 实用应用文写作 [M]. 北京:中国传媒大学出版社,2010.

[7] 王敏杰,徐静. 财经应用文写作 [M]. 北京:科学出版社,2010.

[8] 王茜,李盖虎. 新编应用文写作教程 [M]. 北京:中央广播电视大学出版社,2009.